U0473102

天天跟大师学知识

如何学语文

叶圣陶／著

人民文学出版社 天天出版社

图书在版编目（CIP）数据

如何学语文 / 叶圣陶著 . -- 北京：天天出版社 ,2022.12（2023.7 重印）
（天天跟大师学知识）
ISBN 978-7-5016-1969-6

Ⅰ . ①如… Ⅱ . ①叶… Ⅲ . ①小学语文课 - 教学参考资料
Ⅳ . ① G624.203

中国版本图书馆 CIP 数据核字 (2022) 第 205868 号

责任编辑：张新领　　**美术编辑**：丁　妮
责任印制：康远超　张　璞

出版发行：天天出版社有限责任公司
地址：北京市东城区东中街 42 号　　**邮编**：100027
市场部：010-64169902　　**传真**：010-64169902
网址：http://www.tiantianpublishing.com
邮箱：tiantiancbs@163.com

印刷：保定市铭泰达印刷有限公司　　**经销**：全国新华书店等
开本：710 × 1000　1/16　　**印张**：11
版次：2022 年 12 月北京第 1 版　　**印次**：2023 年 7 月第 2 次印刷
字数：120 千字

书号：978-7-5016-1969-6　　**定价**：28.00 元

出版说明

叶圣陶先生（1894—1988）是我国20世纪杰出的作家、教育家和出版家，他的一生跨越晚清、民国和新中国三个时期，从事教育、编辑和出版工作长达六十余年。他是我国近现代史上一些重大变革的“亲历者”和“参与者”，也是20世纪一系列重大教育出版活动的领导者、决策者和组织者，他为文学、语言、教育、出版等事业做了许多切实的工作。

叶先生1912年开始杏坛生涯，1930年底在开明书店工作时开始编辑语文书籍和儿童故事书。由叶圣陶先生编撰的上海开明版国语读本，至今仍为很多人欣赏。在教学和编辑之余，叶先生还笔耕不辍，写下了大量儿童文学作品，深受小读者们的喜爱，影响了一代又一代孩子的成长。

凭借丰富的教学实践和写作经验，叶先生留下的《作文论》《语文随笔》等著作从多角度多侧面地介绍语文知识和写作技巧，通过实例讲述学习语文和写作的成功诀窍和失败的根源，无不体现出他深厚扎实的理论学养和亲切朴实的教学思想。

为了提高今天的小学生们的语文水平和动手

动脑的综合能力，提高孩子们对阅读的兴趣，培养孩子们的审美能力，我们经叶圣陶先生的后人授权，从叶先生的《作文论》《语文随笔》等经典著作中，选编出适合今天小读者阅读的部分内容，重新汇编成这套“大师教我学知识”。叶先生当年提出的问题，倡导的方法，解决的方案，都具有普遍性和针对性，时至今日，依然有着鲜明的现实意义和借鉴意义。

“大师教我学知识”已经推出四本，分别为《怎样学语文》《怎样写作文》《怎样爱科学》《怎样做数学游戏》，包括语文、作文、音乐、美术、运动，甚至玩具制作、模型制作等内容，实例安全便捷，语言通俗易懂。现在，我们继续推出夏丏尊、叶圣陶两位大家关于阅读和写作的经典著作。

这套书采用全彩印刷，除保留原有插图之外，在部分篇章中还重新插入了我国漫画大师丰子恺先生(1898—1975）的一些精美儿童漫画。丰子恺先生生前曾经多次为叶圣陶先生的著作配图。二人的合作珠联璧合，受到广泛赞誉。

编辑在审稿过程中，仅对原稿印刷上的某些错讹、不规范的字词和标点等进行了校正，其他皆保持原貌。

由于才疏学浅，难免会有疏漏，敬请方家指正。

目　录

语文是一门怎样的功课

“语文”作为学校功课的名称，是1九四九年开始的。解放以前，这门功课在小学叫“国语”，在中学叫“国文”。为什么有这个区别？因为小学的课文全都是语体文，到了中学，语体文逐步减少，文言文逐步加多，直到把语体文彻底挤掉。可见小学“国语”的“语”是从“语体文”取来的，中学“国文”的“文”是从“文言文”取来的。

1九四九年改用“语文”这个名称，因为这门功课是学习运用语言的本领的。既然是运用语言的本领的，为什么不叫“语言”呢？口头说的是“语”，笔下写的是“文”，二者手段不同，其实是一回事。功课不叫“语言”而叫“语文”，表明口头语言和书面语言都要在这门功课里学习的意思。“语文”这个名称并不是把过去的“国语”和“国文”合并起来，也不是“语”指语言，“文”指文学(虽然教材里有不少文学作品)。

口头语言和书面语言都有两方面的本领要学习：一方面是接受的本领，听别人说的话，读别人写的东西；另一方面是表达的本领，说给别人听，写给别人看。口头语言的说和听，书面语言的读和写，四种本领都要学好。有人看语文课的成绩光看作文，这不免有点儿片面性；听、说、读、写四种本领同样重要，应该作全面的考查。有人把阅读看作练习作文的手段，这也不很妥当；阅读固然有助于作文，但是练习阅读还有它本身的目的和要求。忽视口头语言，忽视听和说的训练，似乎是比较普遍的情况。希望大家重视起来，在小学尤其应该重视。

现在大家都说学生的语文程度不够，推究起来，原因是多方面的。而语文教学还没有形成一个周密的体系，恐怕是多种原因之中相当重要的一个。不知道我说得对不对。语文课到底包含哪些具体的内容；要训练学生的到底有哪些项目，这些项目的先后次序该怎么样，反复和交叉又该怎么样；学生每个学期必须达到什么程度，毕业的时候必须掌握什么样的本领，诸如此类，现在都还不明确，因而对教学的要求也不明确，任教的老师只能各自以意为之。

如果大家认为我的看法大致不错，现在小学语文教学研究会成立了，是否可以把我所说的作为研究的课题，在调查、研究、设计、试验各方面花它两三年的工夫，给小学语文教学初步建立起一个较为周密的体系来。

祝同志们工作顺利，身体健康，精神愉快。

略谈学习国文

无论学习什么学科，都该预先认清楚为什么要学习它。认清楚了，一切努力才有目标、有方向，不至于盲目地胡搞一阵。

学生为什么要学习国文呢？这个问题，读者诸君如果没有思考过，请仔细地思考一下。如果已经思考过了，请把思考的结果和后面所说的对照一下，看从中间能不能得到些补充或修正。

学习国文就是学习本国的语言文字。语言人人能说，文字在小学阶段已经学习了好几年，为什么到了中学阶段还要学习？这是因为平常说的语言往往是任意的，不免有粗疏的弊病；

有这弊病，便算不得能够尽量运用语言；必须去掉粗疏的弊病，进到精粹的境界，才算能够尽量运用语言。文字和语言一样，内容有深浅的不同，形式有精粗的差别。小学阶段学习的只是些浅的和粗的罢了，如果即此为止，还算不得能够尽量运用文字；必须对于深的和精的也能对付，能驾驭，才算能够尽量运用文字。尽量运用语言文字并不是生活上一种奢侈的要求，实在是现代公民所必须具有的一种生活的能力。如果没有这种能力，就是现代公民生活上的缺陷；吃亏的不只是个人，同时也影响到社会。因此，中学阶段必须继续着小学阶段，学习本国的语言文字——学习国文。

语言文字的学习，就理解方面说，是得到一种知识；就运用方面说，是养成一种习惯。这两方面必须连成一贯，就是说，理解是必要的，但是理解之后必须能够运用；知识是必要的，但是这种知识必须成为习惯。语言文字的学习，出发点在“知”，而终极点在“行”；到能够“行”的地步，才算具有这种生活的能力。这是每一个学习国文的人应该记住的。

从国文科，咱们将得到什么知识，养成什么习惯呢？简括地说，只有两项，一项是阅读，又一项是写作。要从国文科得到阅读和写作的知识，养成阅读和写作的习惯。阅读是“吸收”的事情，从阅读，咱们可以领受人家的经验，接触人家的心情；写作是“发表”的事情，从写作，咱们可以显示自己的经验，吐露自己的心情。在人群中间，经验的授受和心情的交通是最切要的，所以阅读和写作两项也最切要。这两项的知识和习惯，他种学科是不负授予和训练的责任的，这是国文科的专责。每一个学习国文的人应该认清楚：得到阅读和写作的知识，从而养成阅读和写作的习惯，就是学习国文的目标。

知识不能凭空得到，习惯不能凭空养成，必须有所凭借。那凭借就是国文教本。国文教本中排列着一篇篇的文章，使学生试去理解它们，理解不了的，由教师给予帮助（教师不教学生先自设法理解，而只是一篇篇讲给学生听，这并非最妥当的帮助）；从这里，学生得到了阅读的知识。更使学生试去揣摩它们，意念要怎样地结构和表达，才正确而精密，揣摩不出的，由教师给予帮助；从这里，学生得到了写作的知识。如果不试去理解，试去揣摩，只是茫然地今天读一篇朱自清的《背影》，明天读一篇《史记》中的《信陵君列传》，那是得不到什么阅读和写作的知识的，国文课也就白上了。

这里有一点必须注意。国文教本为了要供学生试去理解，试去揣摩，分量就不能太多，篇幅也不能太长；太多太长了，不适宜于做细琢细磨的研讨功夫。但是要养成一种习惯，必须经过反复的历练。单凭一部国文教本，是够不上说反复的历练的。所以必须在国文教本以外再看其他的书，越多越好。应用研读国文教本得来的知识，去对付其他的书，这才是反复的历练。

现在有许多学生，除了教本以外，不再接触什么书，这是不对的。为养成阅读的习惯，非多读不可；同时为充实自己的生活，也非多读不可。虽然抗战时期，书不容易买到，买得到的价钱也很贵；但是只要你存心要读，究竟还不至于无书可读。学校图书室中不是多少有一些书吗？图书馆固然不是各地都有，可是民众教育馆不是普遍设立了吗？藏书的人（所藏当然有多有少）不是随处都可以遇见吗？各就自己所好，各就备科学习上的需要，各就解决某项问题的需要，从这些处所借书来读，这是应该而且必须做的。

写作的历练在乎多作，应用从阅读得到的写作知识，认真地作。写作，和阅读比较起来，尤其偏于技术方面。凡是技术，没有不需要反复历练的。学校里的定期作文，因为须估计教师批改的时间和精力，不能把次数规定得太多。每星期作文一次算是最多了；就学生历练方面说，还嫌不够。为养成写作的习惯，非多作不可；同时为适应生活的需要，也非多作不可。做日记，做读书笔记，做记叙生活经验的文章，做发抒内部情思的文章，凡遇有需要写作的机会，决不放过，这也是应该而且必须做的。

认真学习语文

一 学习语文很重要

学习语文的确很重要。近几年来，越来越多的人觉得自己的语文程度不够高。语文程度不够高，大约指两个方面：一方面是阅读。比方看《人民日报》社论，有些人看是看下去了，可是觉得不甚了然，抓不住要点，掌握不住精神；另一方面是写作。写了东西，总觉得词不达意，仿佛自己有很好的意思，只因写作能力差，不能充畅地表达出来。这就可见阅读和写作两方面的能力都要提高。

阅读是什么一回事？是吸收。好像每天吃饭吸收营养料一样，阅读就是吸收精神上的营养料。要做一个社会主义时代的公民，吸收精神上的营养料比任何时代都重要。写作是怎么一回事？是表达。把脑子里的东西拿出来，让人家知道，或者用嘴说，或者用笔写。阅读和写作，吸收和表达，一个是进，从外到内；一个是出，从内到外。这两件事，无论做什么工作都是经常需要的。这两件事没有学好，不仅影响个人，还会影响社会。说学习语文很重要，原因就在这里。

二 对学习语文要有正确的认识

什么叫语文？平常说的话叫口头语言，写到纸面上叫书面语言。语就是口头语言，文就是书面语言。把口头语言和书面语言连在一起说，就叫语文。这个名称是从一九四九年下半年用起来的。解放以前，这个学科的名称，小学叫“国语”，中学叫“国文”，解放以后才统称“语文”。

语言是一种工具。工具是用来达到某个目的的，工具不是目的。比如锯子、刨子、凿子是工具，是用来做桌子一类东西的。我们说语言是一种工具，就个人说，是想心思的工具，是表达思想的工具；就人与人之间说，是交际和交流思想的工具。思想和语言是分不开的，想心思得靠语言来想，不能凭空想。可

以说，不凭借语言的思想是不存在的。固然，绘画、音乐、舞蹈表达思想内容是不凭借语言的，绘画凭借线条和色彩，音乐凭借声音和旋律，舞蹈凭借动作和姿态，可是除了这些以外，表达思想都要依靠语言。

就学习语文来说，思想是一方面，表达思想内容的工具又是一方面。工具有好有坏，有的是锋利的，有的是迟钝的，有的合用，有的不合用，这是一方面。思想也有好有坏，有的是正确的，有的是错误的，有的很周密，很深刻，有的很粗糙，很肤浅，这又是一方面。学习语文，这两方面都要正确对待。

有些人认为只要思想内容好，用来表达的语言好不好无所谓。有些人甚至认为语文是雕虫小技，细枝末节，不必多注意。既然这样，看书无妨随随便便，写文章无妨随随便便。文章写出来半通不通，不认为不对，反而认为只要思想内容好，写得差些没有关系。实际上，看书，马马虎虎地看，书上的语言还

不甚了然，怎么能真正理解书的内容？写文章，马马虎虎地写，用词不当，语句不通，怎么能说思想内容好？文章写不通，主要由于没想通，半通不通的文章就反映半通不通的思想。

有些人认为只要学好了语文，思想内容的问题也会随之解决，因而就想专在字词语句方面下功夫。这个想法也不对。有人写工作总结写不好，写调查研究的报告写不好，认为这只是“写”的问题。学好了语文，工作总结和调查报告是不是一定写得好？不一定。为什么？工作总结必须参加了某项工作，对这一项工作比较全面地了解，知道这一项工作的优点和缺点，经验和教训，再加上语文程度不错，才能写好。调查报告也一样，一定要切切实实地调查，材料既充分而又有选择，还要能恰当地安排，才能写好。

这样说起来，要写好工作总结和调查报告，既要在语文方面下功夫，也要在实践方面下功夫。两方面的功夫都要认真地做，切实地做。

学语文为的是用，就是所谓学以致用。经过学习，读书比以前读得透彻，写文章比以前写得通顺，从而有利于自己所从事的工作，这才算达到学习语文的目的。进一步说，学习语文还可以养成想得精密的习惯，理解人家的意思务求理解得透彻，表达自己的意思务求表达得准确；还有培养品德的好处，如培养严肃认真、一丝不苟的态度等。

这样看来，学习语文的意义更大了，对于从事工作和培养品德都有好处。

三 学习语文不能要求速成

我常常接到这样的信，信上说，“我很想学语文，希望你来封信说说怎样学。”意思是，去一封回信，他一看，就能学好语文了。又常常有这样的请求，要我谈谈写作的方法。我谈了，谈了三个钟头。有的人在散会的时候说：“今天听到的很解决问题。”解决问题哪有这么容易？哪有这么快？希望快，希望马上学到手，这种心情可以理解；可是学习不可能速成，不可能画一道符，吞下去就会了。学习是急不来的。为什么？学习语文目的在运用，就要养成运用语文的好习惯。凡是习惯都不是几天工夫能够养成的。比方学游泳，先看看讲游泳的书，什么蛙式、自由式，都知道了。可是光看书不下水不行，得下水。初下水的时候很勉强，一次勉强，两次勉强，勉强浮起来了，一个不当心又沉了下去。要等勉强阶段过去了，不用再想手该怎么样，脚该怎么样，自然而然能浮在水面上了，能往前游了，这才叫养成了游泳的习惯。学语文也是这样，也要养成习惯才行。习惯是从实践里养成的，知道一点做一点，知道几点做几点，积累起来，各方面都养成习惯，而且全是好习惯，就差不多了。写完一句话要加个句号，谁都知道，一年级小学生也知道。但是偏偏有人就不这么办。知道是知道了，就是没养成习惯。

一定要把知识跟实践结合起来，实践越多就知道得越真切，知道得越真切就越能起指导实践的作用。不断学，不断练，才能养成好习惯，才能真正学到本领。

有人说，某人“一目十行”，眼睛一扫就是十行。有人说，某人“倚马万言”，靠在马旁边拿起笔来一下子就写一万字。读得快，写得快，都了不起。一目十行是说读书很熟练，不是说读书马马虎虎；倚马万言是说写得又快又好，不是说乱写一气，胡诌不通的文章。这两种本领都是勤学苦练的结果。

要学好语文就得下功夫。开头不免有点勉强，不断练，练的功夫到家了，才能得心应手，心里明白，手头纯熟。离开多练，想得到什么秘诀，一下子把语文学好，是办不到的。想靠看一封回信，听一回演讲，就解决问题，是办不到的。

有好习惯，也有坏习惯。好习惯养成了，一辈子受用；坏习惯养成了，一辈子吃它的亏，想改也不容易。譬如现在学校里不少学生写错别字，学校提出要纠正错别字，要消灭错别字。错别字怎么来的呢？不会写正确的形体吗？不见得。有的人写错别字成了习惯，别人告诉他写错了，他也知道错，可是下次一提笔还是错了。最好是开头就不要错，错了经别人指出，就勉强一下自己，硬要注意改正。比方“自己”的“己”和“已经”的“已”搞不清楚，那就下点儿功夫记它一记，随时警惕，直到不留心也不会错才罢休。

四 学习语文要练基本功

学习语文要练基本功。写一篇文章，就语文方面说，用一个字，用一个词，写一个句子，打一个标点，以及全篇的结构组织，全篇的加工修改，这些方面都要做到家才算好。这些方面都得下功夫，都得养成好的习惯。这样，写起文章来就很自由，没有障碍，能够从心所欲。培养这些方面的能力，养成好的习惯，就叫练基本功。

一出戏要唱工做工都好是不容易的。最近我看周信芳、于连泉（筱翠花）几位总结他们表演艺术经验的书，讲一个动作如何做，一句唱词如何唱，都有很多道理。道理不是嘴上说说的，是从实践里归结出来的。我们学习语文，看文章和写文章也能达到他们那样程度，就差不多了。学戏的开始，不是从整出的戏入手的，一定要练基本功，唱腔、道白、身段、眼神，一举手一投足，都要严格训练，一丝不苟。起初当然勉强，后来逐渐熟练，表演起来就都合乎规矩。然后再学一出一出的戏。学绘画，要先练习写生，画茶杯、画花瓶，进一步练速写，这些都是基本功。学音乐、舞蹈也一样，都要练基本功。木工做一张桌子也不简单，锯子、刨子和凿子，使用要熟练，要有使用这些工具的好习惯，桌子才能做得合规格。总之，无论学什么，练基本功是很重要的。

学语文的基本功是什么？大体上说有以下几方面：

第一，识字写字。可能有人想，谁还不识字，这个功夫没有什么可练的。可是一个字往往有几个意义，几种用法，要知道得多些，个个字掌握得恰当，识字方面还得下功夫。譬如“弃甲曳兵而走”，这是《孟子》上的一句话。小学生可能不认识“曳”字，其余都是认识的。可是小学生只学过“放弃”“抛弃”等词，没学过单用的“弃”字。至于“甲”知道是“甲、乙”的“甲”，“兵”知道是“炮兵”“伞兵”的“兵”，“走”知道是“走路”的“走”。他们不知道“甲”是古代的军装，“兵”在古代语言中是武器，古人说“走”，现代人说“逃跑”。“曳”这个字现代不用了，只说“拖”。“而”字在现代语言中是有的，如“为……

而奋斗”。可是照“弃甲拽兵而走”这句话的意思说，“而”字就用不着了。用现代话说，这句话就是“丢了铠甲拖着武器逃跑”。到高中程度，识字当然要比小学比初中更进一步，对某些字知道更多的意义和用法。中国字太多，太复杂，谁也不能夸口说念字不会念错。字要念得正确，不要念别字，这也是识字方面应该下的功夫。

写字也要下些功夫。不一定要去买什么碑帖，天天临它几小时，这不需要；可是字怎么写，总要有个规矩。写下的字是让人家看的，不要使人家看不清楚，看得很吃力。有时候我接

到些信，字写得不清楚，要看好些时间，看得很吃力。不要自己乱造字，简化字有一定的规范，不要只管自己易写，不管别人难认。字要写得正确，一笔一画都辨得很明白；还要写得熟练，如果写一个字要想三分钟，这怎么能适应需要？要把字写得正确熟练，这就是基本功。

第二，用字用词。用词要用得正确、贴切，就要比较一些词的细微的区别。这是很要紧的。譬如与“密”字配合的，有“精密”“严密”“周密”等词，粗粗看来好像差不多，要细细辨别才辨得出彼此的差别。“精密”跟“周密”有何不同，“精密”该用在何处，“周密”该用在何处，都要仔细想一想。想过了，用起来就有分寸。如果平时不下功夫，就不知道用哪一个才合适。

用词，有时也表示一个人的立场。立场，就是站在哪一方面。比方有人说，在土地改革的时候，某村地主很“活跃”，这就是立场不对头。“活跃”往往用在对一件事表示赞美的场合。对地主用“活跃”不合适，要用“猖獗”。否则人家会认为你是站在地主的立场呢。这些地方如果平时不注意，就会出错。用词还有个搭配的问题。比方“成绩”，可以说“取得成绩”“做出成绩”，如果说“造出成绩”就不合适。前边的词跟后边的词，有搭配得上的，有搭配不上的，把不相配合的硬配在一起，就不行。所以用词也是基本功，无论阅读或是写作都要注意。

第三，辨析句子。句子是由许多词组成的，许多词当中有

主要的部分和附加的部分。读句子，写句子，要分清主要部分和附加部分，还要辨明附加部分跟主要部分是什么关系。比方“在党的领导下，我们取得了中国革命的胜利”这句话的主要部分是什么？是“我们取得了胜利”；取得了什么胜利？取得了“中国革命的”胜利。还要弄清楚，“在党的领导下”是“取得”的条件，虽然放在头里，却关系到后面的“取得”。读一句话，写一句话，要能马上抓住主要的部分，能弄清楚其他的部分跟主要的部分的关系，这就是基本功。长句子尤其要注意：有些人看文章，又像看得懂，又像看不懂，原因之一就是弄不清楚长句子的各个组成部分的关系。

读文章，写文章，最好不要光用眼睛看，光凭手写，还要用嘴念。读人家的东西，念出来，比光看容易吸收。有感情的文章，念几遍就更容易领会。自己写了东西也要念，遇到念来不顺的地方，就是要修改的地方。好的文章要多读，读到能背。一边想一边读，有好处。这好处就是自己脑子里的想法好像跟作者的想法合在一起了，自己的想法和语言运用能力就从而提高不少。长的文章可以挑出精彩的段落来多读，读到能背。读的时候不要勉强做作，要读得自然流畅。大家不妨试试。

第四，文章结构。看整篇文章，要看明白作者的思路。思想是有一条路的，一句一句，一段一段，都是有路的，这条路，好文章的作者是决不乱走的。看一篇文章，要看它怎样开头的，怎样写下去的，跟着它走，并且要理解它为什么这样走。譬如一篇议论文，开头提出问题，然后从几个方面来说，而着重说的是某一个方面，其余几个方面只说了一点儿。为什么要这样安排呢？一定有道理。读的时候就得揣摩这个道理。再往细处说，第二句跟头一句是怎样连接的，第三句跟第二句又是怎样连接的；第二段跟第一段有什么关系，第三段跟第二段又有什么关系，诸如此类，都要搞清楚。这些就叫基本功。练，就是练这个功夫。

总起来一句话，许多基本功都要从多读多写来练。读人家的文章，要学习别人运用语言的好习惯。自己写文章，要养成自己运用语言的好习惯。要多读，才能广泛地吸取。要多写，越写越熟，熟极了才能从心所欲。多写，还要多改。文章不好，原因之一就是自己不改或者少改。有人写了文章，自己不改，却对别人说："费你的心改一改吧。"自己写了就算，不看不改，叫别人改，以为这就过得去，哪有这么容易的事？

写之前要多想想，不要就动笔写。想得差不多了，有了个轮廓了，就拟个提纲。提纲可以写在纸上，也可以记在脑子里。总之，想得差不多了然后写。写好以后，念它几遍，至少两三遍，念给自己听，或者念给朋友听。凡是不通的地方，有废话的地方，用词不当的地方，大致可以听出来。总之，要多念多改，作文的进步才快。请别人改，别人可能改得不怎么仔细，或者

自己弄不明白别人这样那样改的道理，这就没有多大好处。当然，别人改得仔细，自己又能精心领会，那就很有好处。

五 认真不认真，是学得好不好的关键

希望学得好，先要树立认真的态度。看书，不能很快地那么一翻；看文章，不能眼睛一扫了事；写文章，不能想都不想，就动笔写，写完了自己又懒得改。这些都是不认真的态度。如果这样，一定学不好。某个中学举行过一次测验，有一道题里

学生需用“胡同”这个词，竟有不少学生把极容易的“同”字写错了。从这上头可以看出学生学习态度不认真。这应该由老师负责，老师没有用种种办法养成学生认真的习惯。大事情是由无数小事情加起来的，小事情不注意，倒能注意大事情，这是不能令人相信的。

有的人写了文章，别人给他指出某处是思想认识上的错误，某处是语言文字上的错误，他笑了笑就算了，这也是不认真的态度的表现。写个请假条，写封信，也要注意。无论读或是写，都不能马虎。马虎是认真的反面。马虎的风气在学校里和机关里都有，要想办法改变这种坏风气。

有的老师有的家长往往说，某某孩子两天就看完了《红岩》，真了不起。我认为这不很好。这样大的一本书两天就看完，可能只看见些影子，只记得几个人名，别的很难领悟。这样的读书法是不该提倡的。先要认真读，有了认真读的习惯，然后再求读得快。

一句话，希望同志们认真自学。在这里听到的，只能给同志们一些启发，一些帮助，重要的还在自学。再说，在这里听到的不一定全接受，要自己认真想过，认为确然有些道理，才接受。

谈语法修辞

什么是语法呢？语法不是谁造出来的，它是语言在发展中自然形成的规律。每一个民族的语言都有它自然形成的规律。比如我们说“吃饭”,“吃”一定在“饭”前面,“饭”一定在“吃”后面;“我吃饭”或“你吃饭”,“我”、“你”一定在“吃”前面，这个次序就属于汉语语法的规律。这个次序是不是所有的语言都一样呢？不是的。比如日语，就说“我饭吃”。

学语法不一定到学校去学，不一定从书本上学。

小孩子开始学话，同时就在学语法。说这是“妈妈”，这叫“茶”，这样叫“喝茶”。小孩子说“茶喝”，大人就告诉他，不说“茶喝”，说“喝茶”。这就是在学语法了。

小孩子一进小学，语法就可以得四分五分（假如按五分制），因为先生的话，学生懂；学生的话，先生懂；同学的话，彼此也懂。既然说话能让人懂，就是合乎语法，就可以得四分五分。

一九五一年，《人民日报》发表社论，号召大家：“正确地使用祖国的语言，为语言的纯洁和健康而斗争！”还登了有关语法的文章，曾经引起大家的注意。其实，大家对语法，老早就会了，只是平常注意不够，现在自觉地揣摩一下，研究一下，就能很好地掌握了。一个人对语法，如果仅仅是自发地学，说十句话，八九句是对的，一两句还不免有错，经过揣摩、研究以后，说十句，写十句，就可以十句不错；说百句，写百句，就可以百句不错。抓住规律，按照规律说话写文章，就可以保证不错。语法所以要学，原因就在这里。

什么是修辞呢？我国有句古话“修辞立其诚”。修辞，就是把话说得很正确，很有道理，很完善。“修”并不是修饰的意思，白茶碗不好看，画朵花来修饰一下，修辞不是这样。

比如说：“英法入侵埃及，毫无理由，毫无根据，这是大家理解的。”这是正面的说法。如果说：“英法入侵埃及，毫无理由，毫无根据，这不是大家都理解的吗？”这是反诘的说法。两种说法都对，说出来人家都了解，到底用哪种说法好呢？要看说话当时的情况来挑选。这就是修辞。又比如说“这件事情

叫人怒发冲冠”，也就是说“这件事情叫人生气极了”。说“生气极了”也行，但是听起来印象不怎么深，说“怒发冲冠”就不同。当然，哪有头发把帽子顶起来的？这是夸张的说法。这也是修辞。

总起来说，什么叫语法呢？语法就是教人如何把话说得对。什么叫修辞呢？修辞就是教人如何把话说得好。自觉地研究语法，说话就可以不出错误；自觉地研究修辞，就可以把话说得更好。要很好地运用语言，就要研究语法和修辞。这不是说不研究话就说不好，不研究也可以说得好，但是有时可能说不好，研究以后，可以自觉地把话说好。

说话训练
——产生与发表的总枢纽

我现在想说出一个意思，就是小学校里应当把训练儿童说话这件事看得极其重要。这不单是国语科的事，也不单是国语教师的事，应当是各科里都要注意的事，是全体教师都要注意的事。

我先说明所以要说出这个意思的来由。这是很简单的，因为得到一些实感的启示，觉得这意思颇有说一说的必要。先说我的实感：

先从我自己说，我就是个不会说话的人。怀着一种意思，往往苦于不能透彻地表达出来，说得很辛苦，心里还是不痛快。

这当然是一种弊病。但假如不会说话的弊病仅止于不能透彻地表达出意思，倒也罢了，因为胸中自有个完整的意思在。无如不会说话，也就是不大会思想，不大会得到完整的意思。思想的进行到了“差不多”“大致如是”的地步，就此停止了，不再向前去求一个清楚明画。不把意思弄得清楚明画，所以说出来总感不痛快。说出来不痛快，爽性不大高兴多说。不高兴多说，所以不一定要把意思弄得清楚明画。循环无端，互为因果，使我终于成为不会说话又不大会得到完整意思的人。

刘彦和说：“意翻空而易奇，言征实而难巧。”我想假若用一种旁敲侧击的方法，自然地或者强迫地与我以督责，要我好好吐出征实的言，那么对于翻空的意，也不容我不弄一个清楚明画了。可是我的父母不曾想到这等地方，现在的儿童所惯做的唱儿歌讲故事等玩意儿，我都不曾领略过，不知是什么味儿。他们只同我讲些“你到那边去”“你吃这东西”的话，我当然没有多费口舌的必要。至于先生，他只是教书讲书，我只是背书回讲，他不肯开一声多余的口，我自无发言之余地。我想幼年是开端，是萌芽，将来的命运，大部分在这时候就注定了，所以很重要。虽然直到现在依然不大会好好思想，应怪自己的不知奋勉，但父母先生当初不与我以督责，使我不得不弄一个清楚明画，总是一个缺憾。

从涉世的经验，觉得一般人的情感上有点淡薄之嫌。这当

然仅是觉得而已，并没有什么统计。而且我也知道确有情感浓厚的人，如事业家、文学家等，但是与所谓一般人比较起来，简直微少到几乎不成数目。所以我就不顾他们而竟说一般人。我们试从一般人彼此相与之间这一点来看，不论家人父子朋侪宾从，他们不是虚有形式的周旋，便是漠然若各不相关。他们的心仿佛缸中一薄片的水，任你尽力撼摇，也兴不起壮大的情感的波浪，若说要待其自生，更是绝无的事了。

情感的要不要让它浓厚是个甚深的问题，我只能从浅薄的见解着想。我觉得大家的情感淡薄，至少要使社会减损活动的机能，而在各个人，则因少有热力，将沦于冥漠。假如我们以“社会须要活动进步，各个人须要奋力有为”为已定的前提，则情感当然要让它浓厚。至于一般人的情感不能十分浓厚，有如前面所说，也不是一朝一夕之故，与礼法遗传性等都有关涉。而切近的原因，尤在幼年的不经训练，反受遏抑。一般做父母的已是情感未经培养的人，所以对于孩子很少有亲切的情感，快活的时候，至多抱在身边叫一声好孩子，不快活的时候，简直不当孩子一件东西，再也不去理他。至于先生，他只抱着出卖讲读、书写的观念，纵使对于这孩子偶尔觉得高兴，也不过在练习簿上多画几个圈而已。孩子自然不能像大人这样淡漠，有时高兴得跳起来了，有时哀苦得哭起来了，他有他的心绪，总要想倾吐出来。可是大人早已把他禁住，以为这太讨厌了，又

不合于大人的模样。一压再压，儿童的情感的萌芽如经了春雪，长大起来，就淡漠到与父母先生们一个样子。我们偶然在几个稀有的家庭里，听母亲柔和地说："我欢喜你，像太阳的欢喜一切的花草。"又听孩子娇婉地乞求着说："妈妈，我同你好，我要贴一贴你的脸。"我们就觉深深的感动，说不出的舒适。这真是棵宝贵的芽儿，从此逐渐培养，这孩子的前途不将成锦样的芳春么？

在这里更可以得到一些消息：情感固然动于内，而正动之际每每要表于外，这是一；要培养儿童的情感固然在大人对于儿童有浓厚的情感，而尤在大人能利用适当的工具来表示他们的情感，这是二；儿童的情感正被培养，同时要使他们能利用

适当的工具来表于外，感受满足的快适，这是三。所谓适当的工具，当然语言独占重要，因为它最能把人与人的心连锁起来。内面的情感并不浓厚，徒然求之于外面的语言，诚然是没有效果的事。但不常利用表示于外的工具，渐使内面的感动因向来不感满足的经验而减弱，终于漠然不大起感动，却是可能的。所以一般人的情感有淡漠之嫌，我要把一部分的原因归属到幼年未经训练，不会利用适当的表情的工具——语言——这一桩上边。

我们遇见的学生也多了。小学校的毕业生未必能对于一个论题做五分钟的演说，未必能绝无错漏地传述一番受托付的话，甚至未必能把什么教科书里的材料照样讲一课出来。至于羞涩不肯就开口，开了口又含糊不清晰，更是很普遍的事情。中学生似乎比较地能说话了，但说来往往没有条理，又欢喜学说人家说烂了的话。他们的话语留下痕迹来就是文章。把他们的文章拿来检查，就可以发现若干说得不妥当的地方，不当“然而”的却“然而”了，不当“所以”的却“所以”了，又可以发现若干勉强要说话的地方，这几句是从那里移来的，那几句是前面已经说过了的。我并不敢存一毫的挖苦的意思，实际上是这样的情形。我们不能单看少数的都市里的学生就下判断，应当也去看多数的都市以及非都市里的学生，又不能单看少数的在儿童杂志、少年杂志以及报纸的附张里投稿的学生，应当也去

看多数的不想投稿以及想投稿而没有力量的学生。假若这样一般地看，自会感到能说话的学生太少了。

何以至此呢？我们要回答这问题，不妨查考他们在学校里对于说话这件事下了怎样的功夫。更因开端与萌芽比较重要这一个观念，我们单是查考小学校。在小学校里，儿童开口说话的机会大概有问询、答问、申诉这几种。在此要注意，这些都不过是零碎的短句，并不是整篇的完美的话语。也有些明白风会所趋的学校，每星期开一两次谈话会、演说会之类，算是叫儿童练习说话的意思。但是，听厌了的故事三番四番地讲出来，咿唔错乱的地方不一而足。教师高兴批评，也至多说某人讲得清楚，某人说话不很明白罢了。这回清楚了，下回能不能依然清楚？这回讲得不明白，下回要怎样才会明白？在儿童都是没有把握的。其外要数到作文，也是儿童说话的机会。但效果也只与谈话会、演说会之类相等。本来说话是平时应用的事情，现在不在平时练习，却在每星期的某一时间内练习，颇含有滑稽的意味了。儿童当很重要的幼年，或则全不曾练习，或则只经过滑稽意味的练习。他们出了学校不善说话，甚且终其身不善说话，难道不是应该的事情么？

从上述的这些实感，可以知道儿童时期如不经说话的训练，真是遗弃了一个最可宝贵的锁钥。若讲弊病，充其量将使学校里种种的教科与教师的心力全然无效，终生不会有完整的思想与浓厚的情感。这不是可悲的结果么？以前的小学生过去了，当然不用管。而现在一般的小学生也正待结成这可悲的果！我们不当改变灌溉培养的方法，使他们的命运转过来么？

我们又知道，儿童不经过特意的训练，但因实际的需要，话是仍旧要说的。这些时候就是他们唯有的练习的机会。可是没有人在旁边给予暗示，加意指导，所以零碎地说了，朴陋地说了，不完整地说了，也就算数。这譬如让他们在暗中摸索，可以摸到什么地方是说不定的。而所谓“习惯成自然”却是常遇证明的通则，像这样自然地练下去，往往成为永久只会零碎地说，朴陋地说，不完整地说，而且思想情感也跟着零碎、朴陋、不完整起来。只有其中的少数，幸而摸索得法，走在正当的路上。

所以对于说话这件事，不能只让儿童随便去摸索，应当认为一个宝贵的锁钥，开通儿童一切的门的，由学校里特意地训练。单单开些谈话会、演说会之类，自然算不得特意训练。便是现在几处很好的学校里，他们给儿童念的是儿童文学，他们教儿童把所读的东西很自然地讲述出来，或者用戏剧的方法来表演，这诚然是很好的办法，可是也算不得尽了特意训练的能事。因为儿童文学的材料，大部分是童话物语。这些固然与儿童的想象经验等很相适应，但从训练说话这一点看，还不免有所欠缺。他们说了张儿、李儿、猫儿、兔子的话，自己的话却是没有机会说，这是一；他们单在国语科里练习说话，或者会

想这是专属于国语科的事，而不是平常生活里的事，这是二。所以我们要尽特意训练的能事，从范围上讲，应当不限于儿童文学，不限于国语一科，而要普及到各科，在各科里都认为重要的项目，并且还要推广到课时以外。次从方法上讲，不是只叫儿童开口去说，要为他们特地设计，怎样给予暗示，怎样加意指导，务在达到真个练习说话的目的。

这样的训练，其实就是要促迫儿童的内面有所产生，合理且丰富地产生。换一句话说，就是要他们磨炼思想，培养情感。他们在适当的境界中，受着合宜的暗示或指导，自然要把思想弄一个清楚明画，让情感发抒得真切浓厚。这是一种开源的办法，许多批驳订正的功夫，在此不妨省却。假如效果不显，我们却有把握，还是从源头上着力，尽心于暗示或指导（像单单开些谈话会、演说会之类，便是不去开源却想舀水喝，这是没把握的。没把握而想着力，只能说些某人讲得清楚、某人说话不很明白的话了）。在这种努力里，同时也就是要促迫儿童向外发表，尽量地发表。尽量发表则内面与外面一致，内面的活动更见有意义。成为习惯，对于自己的享受与生活的实际都有益处，至少会感到这生命是充实而不是空虚的。所以训练儿童说话实在是一个总枢纽，要他们内面产生得出，又要向外面拿得出来。外界的事势虽是万变，而这是一种应付事势的万应的工具。获得了这工具，而且会使用，岂不是已满足了普通教育的期望了么？

训练说话既应是各科里重要的项目，又要推广到课时以外，则可知凡是教师就负有这事的责任，而且应时时负这事的责任。教师负这责任的基本条件，便是自己善于说话。在此我要想起所见几许教师的以及我自己的过失了：这种过失的根源在于相信自己教儿童的是什么什么科，不管三七二十一，只要把什么什么科授予他们就完事了。也有一部分根源于把儿童看作制造的原料，而忽视他们内面的精神。一个儿童放出好奇的眼光来问："这东西为什么这样子呢？"我们偶尔不大起劲，便随口回答说："这东西自然是这样子的。"我们以为这句答语并没有违背了什么什么科的意思。又当一个儿童走近我们，脸上含着颇想亲近的微笑，仿佛等待我们的招手。但是我们偶尔感到麻

烦，便随口示意说："你到运动场去玩吧。"我们以为这一句也不至于违背了教育的原理。但是试一细想，这些随便倾吐的话语多少没有理性，多少缺乏情感啊！把这等例子多多举出来，固然可以不必，只要不是偏护自己的教师，我想总肯承认自己要不知不觉说出这些话语来。这就是不善于说话，确是重大的过失。教师负了这种过失，却说要去训练儿童说话，非但不会有一毫效果，而且也不会有这么一回事。他自己先不明白在内面怎样地产生，向外面怎样地发表，还能讲到给予儿童以暗示与指导么？总要自己知道甘苦，才能够对于人家有所帮助。所以教师当先自修养，要善于说话，要不负这些易于犯着的过失。

在前面所写的我的一些实感里，我们更可见一个意思，就是儿童的不善于说话，固然因不经训练，而也因大人从来不与儿童好好地说话。本来先觉与后觉间的关系是这样的：若是出

于故意或偶然，就是像煞有介事的示范，效力也很微细的；若是出于自然且恒常，则不论消极方面或积极方面，都有重大的影响。浸染诚是不可抗的势力啊。倘若大人能与儿童好好地说话，就是不再给儿童特意训练，未尝不可使儿童得到些浸染的益处。无奈这是做不到的，内面根本上很少有产生出来，自然也不会好好地有所发表了。所以就是要想叫儿童得到一些浸染，也非教师先善于说话不可。我们更可抛开了儿童着想，我们做人，不应当要求内面的充实、向外的发抒么？如其觉得是必要的，则我们本当要对于说话这事好好修养了。何况我们又正充任教师呢。

在这里我们当可以明白了解，所谓善于说话，绝不是世俗所称口齿伶俐、虚文缴绕的意思。要修养到一言片语都合于论理，都出于至诚，才得称为善于说话。所以这简短的标语实在含蕴得很丰富，分析开来，有精于思想、富于情感、工于表达等的意思。这就牵涉得很广了：要精于思想，应当有种种的经验推断；要富于情感，应当有种种培养陶冶；要工于表达，应当有种种的学习准备。爽直地说，这就包括了人生的一切活动，成了所谓正当地做人的事情了。

看我这篇文字的人一定会觉得奇怪，起先说得很狭小的，不过说教师应当善于说话而已，不料却推衍到正当地做人的大问题。其实我并不是信口开河，说到哪里就是哪里，我早就想

定，到这地方要说这一番话的。以下索性再说得畅达一点：我觉得我们的教师中间(叫我怎样说才好呢?)，有些太忘了自己以及所任的职务了。他们只知道充任教师就是走进课堂教些“天地日月”“一二三四”之类，走出课堂则在预备室里坐坐，儿童打架时当一任临时审判官，再没有别的事情了。让步一点说，这还可以原谅，因为不过是没有积极的好处而已。尤可痛心的，就在他们偏有消极的坏处！他们不具常识，就把这些连常识也够不上的东西授予儿童。他们不讲立行，乡里间的坏事，社会上的恶俗，如舞弊营私、赌博、嫖妓等，他们都要沾染。他们与什么人什么事都少有感情，至多只能权一权对于一己的利害，对儿童当然也是漠然无情。我们不必走得远，只要就自己所处的地方留心观察，这一类的模型就会活现在我们眼前了。就是教育最发达的地方，也不是绝对没有。我们不要被道尔顿制、设计教育法等名词所蒙蔽，就说教育发达的地方的教师都是很合适的。

教育的重要，而且永久重要，不论世界主义或国家主义的时代都是一样，因为人总是人，做人总是要做。而看到我们这地方(不必一定要说国土)的教育里面，却繁殖着很多的病菌，这能不使我们寒心么！我们固然要很多的学校，要新鲜的教育法，但尤其需要的是在水平线以上的教师。教师不一定要是大学问家，但必要是超出于水平线的人。若是有些教师还在水平线以下，则学校虽多，无异于少，教育法虽新鲜，受到益处的儿童也只有小部分而已。所以我有一种诚意，希望教师自觉觉人，一共奋发努力，高高地超出于水平线。在这篇文字里，就借了“教师要善于说话”这标语来说。我相信人生的活动是不可分割的，只是一个浑整的全体，真要做到善于说话，必须回到根本，讲到思想、情感、表达等，讲到正当地做人。骤然看去，似乎两端距离得太远了，其实并不远。一提到说话，就要问所说是什么；一想到所说应该是很好的情思，就会引起正当做人的意念。我希望我们的教师因为要训练儿童说话，先自修养到善于说话，先自好好地做人。这步做到了，然后去训练儿童说话，则浸染也好，暗示也好，指导也好，总可使儿童得到实益。于是这些儿童不比过去的儿童了，教育的里面就可谓比较地充实了——但我这想法太迂远了，也许太幼稚了。

以下我们谈谈关于训练儿童说话的方法。入手的办法，就是要与儿童一起生活。这里所谓一起生活，并不只是住在一处地方的意思，乃是要接触他们的内心，而且完全了解，而且自己也差不多融合在里头。唯有如此，才能知道一切的机会，不至于错过了机会，徒然叹无从着手。其实凡是从教育事业得到快慰满足的教师，他自然会与儿童一起生活。他不自以为是一个特殊的人，他只是儿童之中的一个。他明白儿童的想象、欲求、嗜好是什么，而且也这么想象、欲求、嗜好。他不过负一点领

袖的责务，所以更要去帮助别个。这样，就是他终身的快慰满足，此外再没有别的了。我们听见泰戈尔所设的森林学校的情形了。大概一个教师伴着十个儿童，一队队的聚集于树荫之下，或是讲授功课，或是随意游戏，有时临流洗浴，放声歌唱，纯任自然的法则，唯图相互之间的内部的交通。这些儿童固然很可艳羡，而这些教师与儿童一起生活，融合在儿童之中如水之于乳，也足令我们想望而心动了。

教师与儿童一起生活，便常常会觉得有很好的机会。有的机会是偶至的，有的机会是待创的。像我在前面所说，一个儿童放出好奇的眼光来问："这东西为什么这样子呢？"以及一个儿童走近我们，脸上含着颇想亲近的微笑，仿佛等待我们的招手，都是所谓偶至的机会，很可宝贵的，我们绝不该让它们随便过去。我们知道这一句问话里蕴蓄着求知的热望，这一种动作里蕴蓄着人间的深爱，就当利用这个机会，让儿童的内面产生些新的东西，而且发表出来。于是我们回答先前这一个，很自然地，绝非做作地说："你从这边想，又从那边想，你一定会知道这东西为什么这样子了。"对于后来这一个，我们又说："来吧，我知道你要同我在一起呢。但是，你能告诉我为什么要同我在一起么？"这些话语绝对不是寻常的话语，乃是真的教育家吐出来的珠玉。儿童受了这种暗示与指导，他立刻想做一个发现者，想做一个抒情诗人。他的努力使他的内面扩大且丰满了，倾吐出来，自然是合理的论法，真挚的诚语。本来只求知道，现在却由自己发现了；本来只是浑然之感，现在却更益绵密深至了。亦练习，亦享用，随产生，随发表，学行合一，内外合一，这多么有意味啊。是真的教育家，一定会利用这些偶至的机会。

所谓待创的机会，凡是设备一种境界，诱起儿童内面的产生者皆是。我们一点钟两点钟为儿童讲“整理的必要”，不如把学校里一切整理得秩然有序。因为这样之后，他们所知道的“整理的必要”才会真切，说出来才是真的发表而不是鹦鹉学舌。我们一点钟两点钟为儿童讲古代的历史，不如把许多古物以及原始人生活的图画模型有条理地陈列起来。因为这样之后，他们的想象依了自然的径路，可得清切的了知，说出来才会真实

而不致模糊影响。当着群儿围集，歌呼跳跃的时候，我们要他们自白心中的欢快。当着校园里的母羊抚育小羊的时候，我们要他们陈述他们的母亲怎样爱他们。他们本已感受很深，今更表白于外，差不多又加上一番深深镂刻的功夫。总之，所谓训练儿童说话，不是要他们鼓弄唇舌，随便说说而已，也不是要他们说话给我们听听而已，乃欲使他们所说的实质渐进于完善深美，而不说空虚无聊的话。假若无所设备，所谓渐进将凭借什么？是真的教育家，一定会利用许多待创的机会。

以上是说课业以外的训练。若在课业以内，我想须要每科都有“演述”这件事，把演述视为很重要的工作。所谓演述，与普通的回讲与答问两样，要有组织、有条理，发于真知真情，而不是盲从了教科书或教师的话机械地讲述一遍。机械地讲述不关于内面，就是时时练习也没有什么效果。必要所演述的是内面的、真切的实质，才能收到练习说话的佳绩。因此，我们应当觉悟，教科书里的虚文缴绕，以及教师的饶舌不休，与儿童实在无益而有害。我们最主要的企图在叫他们明白事物，懂得种种的法则，不过利用文字语言来帮助而已。虚文缴绕，饶舌不休，徒然使他们多应接之烦，甚至把事物及法则弄糊涂了。所以积极的方法，要把教材组织得极有条理，不论是教科书或演讲，总循着思想自然的径路，事理发现的径路。这有两种好处，一是他们可以切实地了知，二是他们受着浸染，内面的产生也会这样。到这地步，叫他们演述出来，一定不同于机械地回讲与答问。所说的就是他们所学的，也就成为他们自己的了。当这演述的时候，他们更要加一番整理与搜求，所以绝不是劳力的浪费，却是产生的促迫。当然的，能够不只是演述，又加以戏剧的方法的表演，使他们活动于所知所感之中，尤其是美满的办法。

就是艺术的课程，我们也可以把列入“演述”这件事视为很重要的工作。如制作的动机、制作的顺序、成功的喜悦、欣赏的实感，都是很好的题目。我们如不去留心，自然把它们随便放过了。不让放过，要使儿童演述出来，儿童就可因此得到许多益处。他们必得把心情由反省而净化了、美化了、熟化了，才能演述出来。而这个对于当时就是深深的镂刻，对于将来又是丰美的泉源。

我们再讲到一些枝节的话。像这样的训练说话，着眼在产生与发表的联合，但儿童说话时，决不能全免语言上的错误。大概语言上的错误不出两端，一是语句不完全；二是用词不适切。这当然须待教师的订正与订正之后的多多练习，而尤重在教师的说话绝无错误，使他们于不自觉中得到浸染。至于订正，与其说“这应当这样说”，不如说“按诸事理，这还有更妥当的说法”，或者“试从实际上想，会发现更切当的词了”。这无非因为发现贵于受来，自觉愈于外铄的缘故。

这一些浅薄的意思，并无整然的系统，只欲供教师们参考。或者觉得它有点儿道理，对于所务的事业更益磨砺，因而得到很大的成功，这是我的私望。

我也想把这一点意思贡献于做父母的。

怎样讲故事

邻里故事会的组织

华达一很喜欢讲故事，讲得也很好，听过他讲的人，都觉得很满意。

他放学回家，常和邻家的孩子们聚着讲故事，后来组织一个邻里故事会，排定日期，在各家轮流开会。会员有华达一、裘进、华亦明、陈知新、赵习、李解和周思维，共计七个人。开会时的工作，起初就有两件：一是轮流讲故事，二是大家研究讲故事的方法。

以下所记的，就是邻里故事会的研究录，看了这个研究录，便好像加入了邻里故事会一样，可以知道许多讲故事的方法。

讲得出的方法（一）
——多练习

第一次研究大会，华达一主席，向裘进提出一个问题道：“有时要讲一个故事，自以为是很有趣，很能引动人家发笑的，但是到了口边，偏偏讲不出来，勉强讲了一些，面红耳热，说话断断续续，把一个故事拆得四分五裂，非但人家不会发笑，连自己也一点没有兴趣。像这样的毛病，应该用什么方法去补

救？”大家把这个问题讨论，结果认为：“要免除讲不出的毛病，应该用两个方法：一，多练习；二，记得熟。”华达一请赵习发表意见，因为赵习在邻里故事会里，从来没有讲不出的事情。

赵习先说多练习的方法：“多练习的意思有两种。一种是不限选定一个故事，只是多向人家讲。例如每天在学校里对先生同学，在家里对父母兄弟姊妹，有故事便讲给他们听。这样说顺了口，讲故事成为惯常的事情，就不至于到了口边讲不出来了。

“还有一种是选定了一个故事，特别多练习。例如要参加故事比赛会，准备了一个很好的故事，倘使临时忘记，便要失败，那只要预先多加练习，记得很熟，便很有把握了。”

讲得出的方法（二）
——熟记

赵习又续讲熟记的方法道：“要记熟一个故事，最好先把这故事写出来，因为写过一遍比读过十遍更容易记得一点。

“倘使故事是很长的，写起来很麻烦，那么写一个纲要也行。例如景阳冈武松打虎的故事，可以写成以下的纲要：

一 景阳冈

1. 地位——从阳谷到清河，必须经过。
2. 风景——乱石、荒草、破败的山神庙。

二 景阳冈上的大老虎

1. 形态——吊睛白额。

2. 出现的时候——每天晚上。

3. 地方上对于老虎的布置：
   - 官的告示——警戒行人。
   - 猎户的义务——准备捕捉。

三 武松喝酒

1. 酒店的位置——离景阳冈四五里。

2. 酒性——容易使人醉（三碗不过冈）。

3. 武松的来由——路过酒店，准备过冈到清河去。

四. 武松的酒量——喝了又喝，共喝十八碗。

四 武松过冈

1. 过冈前的情形——店主人劝阻，武松误会。

2. 过冈的时间——下午，人家不敢走的时间。

3. 过冈时的情形——读告示，酒性发作，睡在石畔。

五 武松打虎

1. 老虎初来时的情形——惊醒武松。

2. 武松和老虎的争斗：
   - 老虎的三种本领——扑、掀、扫。
   - 武松打虎的经过——哨棒打断树干，空手揪住虎颈，脚踢拳打。
   - 老虎的死——出血、喘气。

3. 老虎死后的情形——武松慢慢下冈，大家都欢迎他。

“短的故事或纲要都可以记在一张硬纸片上，以便随时携带。练习的时候，背诵故事，背完一遍，便把纸片细细对照。大约每一个故事练习过四五遍，便可以记熟了。”

讲得好的条件（一）
——取材好

邻里故事会第二次研究大会，由周思维提出一个范围很大的问题，叫作“怎样把故事讲得好？”这一次的主席还是华达一，他请大家讨论。华亦明发表意见道：“讲故事先要有材料，所以取材好就是讲得好的第一步。”

怎样算是取材好？华亦明继续说道：“材料的好坏没有一定，有时自己以为很好，也许别人不赞成。只要听的人多数满意，那便是好材料。

“听的人满意与否，要讲罢后才能知道。最好讲的人预先猜测听的人喜欢什么，便讲什么故事。怎样能够知道听众的意思？那只消估计一下听众是怎样的人。例如听的都是六七岁的小朋友，他们最爱听动物的故事。倘使是十一二岁的小朋友，便最爱听冒险的故事和勇敢的故事。

“取材除了适合听众的希望以外，还应该是自己所完全明白的。例如讲武松打虎的故事，究竟老虎的形态怎样，讲的人

倘使不很明白，也许把老虎说成狗的样子，那便讲不好了。”

华达一把亦明的话归结起来，知道讲故事的材料，应该是听的人所喜欢和讲的人完全明白的。

讲得好的条件（二）
——组织好

其次，李解发表意见道：“有了材料，倘使不加组织，也不能算讲得好。”

周思维问道：“什么叫作故事的组织？”

李解道：“材料有长有短，有曲有直，不但各个材料不同，就是同一材料，也能变换许多形式，这便是故事的组织。例如武松打虎的故事是很长的，倘使照赵习所定的纲要，简单地讲一下，便缩短了许多。又如照那个纲要顺次讲下，是直的组织。

倘使先讲武松打虎，再回头讲喝酒，讲老虎平时害人的情形，那便是曲的组织了。

“故事的组织怎样，应该看讲的时间和听的人而定夺。例如一次故事会里有五个人讲，那时即使预备了长材料，最好也得临时缩短。组织的曲直，和时间的长短也有关系，因为曲折的说明，必须费去较久的时间。就听的人而论，年纪小一些的小朋友缺少耐性，不能听长故事或曲折的故事；年纪大一些的，听了太短或太没有曲折的故事，反而要减少兴趣了。

“所以讲故事的人，如果能够看了情形，再定相当的组织，便一定有很好的成绩。”

讲得好的条件（三）——话语好

材料和组织是讲故事的准备工作，准备完毕，便要实行演讲了。演讲是从头到底用着话语的，话语好，便是讲得好的重要条件。所以李解讲罢组织问题以后，陈知新便跟着提出一个意见：“讲故事的时候必须注重话语。”

华达一对于话语很有兴趣，便自己发表意见道："讲故事所用的话语最好是国语，因为国语是本国各方人所能懂得的，但是听的人如果没有外方人，那便用土白也好。无论国语或土白，都必须清楚，有条理和有趣味。"说着，在纸上画一个表，加以说明。

讲故事时候的话语	例句
清楚，一句句不含糊	例如说"那个人打那个人"这句话就很含糊，因为不知"那个"是谁。
不多说也不少说	例如讲十五个小朋友冒险的故事，先讲了许多学校里的琐事，占了许多时间，后来却来不及再讲正文，这便是多说和少说。
不加入没有关系的词	例如有的人每一句话里都带一个"那么"，这些"那么"往往是没有关系的。
有条理，一段段分明	例如讲武松打虎，依照所写的纲要，逐段交代清楚。每一段间都有适当的连接词。例如前面说了夜里的事情，后来再说到明天，便加上"天明以后"，前面和后面的意思没有冲突。例如前面说了一条河里可以行大船，后面便不能再说这是一条小河。
有趣味，加形容词	例如说"一只老虎"，不如说"一只凶猛的老虎"或者"一只黄老虎"。
加譬喻	例如说"灯光亮得很"，不如说"灯光亮得如同白昼一样"。
加实例	例如说"老虎吃了许多人"，不如举几件事实，说老虎吃了什么人。

讲得好的条件（四）
——声音好

华达一说明了那张表以后，还继续说道："话语和声音有连带关系，假使声音不好，话语的好处也不能显露。我们会员里面，裘进君的声音最好，希望裘进君发表一点意见。"

裘进也不推辞，便道："讲故事的声音第一要清楚。声音不清楚，人家听了不很爽快，因为这会连带地使话语的意思不很明白。第二要有高低和快慢的调子。例如讲武松打虎的时候，从头到尾一致平坦，便引不起人家的注意。倘使起初声音低沉一些，只要使全场的人都听得见就好了，等讲到武松和老虎相扑的时候，再把声音提高加快，紧要的地方，又约略停顿一下。这样，听的人便非常注意了。第三，声音要能够表情。例如，表示快乐的时候，用轻松清脆的声音；表示悲哀的时候，用急促低沉的声音。这样，听的人不但听了明白意思，而且还能引起同情。"

周思维问道："声音的好坏，似乎是天生的。倘使生就声音粗糙的人，有什么方法可以改善呢？"

裘进道："身体上和声音最有关系的便是呼吸器官，倘使每天能在空旷地方练习许多次深呼吸，对于声音不好的人，一定有不少的帮助。"

讲得好的条件（五）
——姿态好

邻里故事会的会员研究了声音的问题，再研究讲故事的姿态。

据赵习的意见："讲故事的姿态，第一要镇静，第二要灵活。例如上台的时候，从容行礼，慢慢开讲，眼睛望着全体听众，只管讲下去。倘若听众有些喧闹，便稍微停顿一下，使秩序恢复。讲完后，从容行礼下台，坐到原处，听别人的讲演或批评。这就叫作镇静。又如当讲故事的时候，眼睛和手脚都有适当的动作，这就叫作灵活。"他说到这里，便取出一本书给大家看，这本书叫作《小演说家》，有十一幅手眼姿态图，三幅脚的姿态图，都一一加上解释：

(1) 表示正确　　(2) 表示恳求或高尚

(3) 表示轻贱　　(四) 表示失望

(五) 表示赞许　　(六) 表示责备或赞叹

(七) 表示帮助或镇定　　(八) 表示感动或自问

(九) 表示请求或忧愁　　(1〇) 表示斥责或驱逐

(11) 表示确定　　(12) 表示正常状态

(13) 表示退步　　(1四) 表示另有主张

讲故事进步的方法（一）
——多批评

邻里故事会第二次研究的结果很多。隔了几天，开第三次研究大会，华亦明主席，题目是华达一提出的，叫作："怎样使讲故事有进步？"讨论结果，要使讲故事有进步，用两个方法：

第一方法就是要多批评。批评有两方面：一方面是自己时常留心批评人家，把人家的好处学习一下，把人家的坏处警戒自己；又一方面是时常请人家批评自己，好像照镜子一样，可以知道自己的整洁与不整洁。批评的时候，并不限定，一个人的单独练习或几个人的共同练习，都应该批评，因为一则可以从容讨论，一则可以互相比较。批评的人有时多些，有时少些都不妨。总之，要使听的人没有一个不是批评的人，讲的人没有一次不得到批评，那才能使讲故事有进步。批评的标准，可以分成三项：

1. 取材和组织。

2. 说话和声调。

3. 姿态。

每一项从一分起到十分为止，依照批评者的眼光，把三项分别记载分数，最后三项相加，总分愈多的便是讲得愈好。这种批评不是随口乱说可比的。

讲故事进步的方法（二）
——资料多

讲故事进步的第二方法就是故事的资料要时常增添。因为要进步便应多练习，把一个故事反复练习固然很好，但是还不及多添新资料，可以发生兴趣。

他们决定在邻里故事会里添加一种新事业，就是在讲演和研究的工作以外，再举行故事阅读会，因为故事书里供给讲故事的无穷新资料，许多人共读故事书，可以使许多人同时得到许多新资料，效果比只听人家讲故事还要大。

他们定了几条故事阅读的章程，我们看了便可以知道他们努力阅读的情形：

1. 邻里故事会会员所有的故事书都放在一起，推定一个会员管理。每月一任，任满重推。

2. 每星期会员共同阅读故事两次，每次一小时。阅读地点和时间，由图书管理员排定。

3. 共同阅读的时候，大家互相指点，每次公推主席一人，维持秩序，主持问题的讨论。

四. 阅读到的故事，可作演讲资料，但演讲时不准随带书本。不作演讲资料的故事，读的人也要摘记纲要，存在邻里故事会里，供给会员参考。

邻里故事会会员成绩

邻里故事会里已经有了三种工作：

一，故事演讲；二，故事阅读；三，研究。每一个会员因为努力这三种工作，讲故事的进步，真是“一日千里”。

在各次的演讲比赛里，邻里故事会的会员往往得胜。他们不但故事讲得好，而且平常的话语也好，读书能力也好，作文能力也好。

他们各人的先生同学，听到他们有邻里故事会的组织，一致赞美。有些住在附近的小朋友，也要求加入，有的便仿照他们的办法，自己去组织。

多说和少说

说一个意思，说啰唆些好呢，还是说得简捷些好？

为听的人方便（说换成写，为看的人方便），当然说得简捷些好，只要传达了那个意思，不至于叫人家误会。而且简捷的话必然干净利落，这不单是说话方面的好处，也是思路方面的好处。如果不能够简捷，那就是多说，说了不必说的。夸张些把花钱来打比，那就是浪费。

先举些多说的例子，把我的意思说一说。抱歉的是手头虽然有不少的例子，可没有工夫分类研究，提出典型来。

（一）并不是说，东北区的财政已经是一帆风顺，……

困难依然是很大的，还需要继续进行不懈的努力才能克服。——五月九日第二版《生产建设性的东北财政》

（二）工会、劳动局、工商局等联合组成的领导机构，事先向劳资双方进行解释政策并发动双方充分酝酿，并领导制定集体合同。——五月八日第一版《华北若干中小城市行业，广泛签订劳资集体合同》

（三）这样黑暗腐朽的封建主义的婚姻制度如不彻底废除，……则男女平等的口号和民主自由的社会生活是不可能实现的，广大妇女群众的劳动积极性的发扬是不可能实现的。——四月十六日第一版社论《实行新民主主义的婚姻制度》

（四）近因我们营业不振，对电话费无力负担，决定将电话机拆除。……——四月七日第六版《电话拆机如何收费》

（五）电车公司一切开支，依赖票款收入来维持，所以不能允许无票乘车的情况，以免影响收入，使人民财富遭到损失。……——四月十六日第六版《荣誉军人乘电车也要买足票》

（六）在这种情况下，如果有投机家敢于冒险，与人民为敌，他就只有等着破产的命运。——六月十一日第一版社论《为物价完全稳定而努力》

（七）该县供销社……曾协同专区供销总社打通与东北

的销路。——五月十日第一版《滦南县供销社广泛订立纺织合同，支持灾民春耕播种》

（八）申新纺织事业经营三十多年。……由于过去机构庞大，人事复杂，组织散漫，都成为今天困难的包袱。——五月十二日第一版《沪申新系七纱厂合组新机构》

（九）所以需要宣传物价必须稳定的观点，还因为当人民政府正在设法减轻人民的负担，向工业家和农民实行订货和收购产品，并救济失业者和灾民的时候，有些投机家又在恶意地散布物价将从新高涨的幻想。但是这些幻想是要落空的，因为人民政府的这一切措施，仍然是以保持物价稳定为界限的。——六月十一日第一版社论《为物价完全稳定而努力》

（一）（二）两例可以一起说。我以为两个“进行”是多说的。在（一）说“还需要不懈的努力”（连“继续”也可以省）；在（二）说“向劳资双方解释政策”，就够明白了。说“不懈的努力”已经包含“继续进行”在里头。“解释政策”是做一种行动，既然在做，也就是“进行”了，不必重复说了。把“解释政策”认为一件工作（就是把它看成名词），上头再加上个动词“进行”，这样的说法未免弯曲、累赘。

在（三）例，我要说的是“劳动积极性的发扬是不可能实现的”。这样的说法弯曲些，累赘些，不如说成“劳动积极性

是不可能发扬的"来得简捷。"劳动积极性不可能发扬"就是"劳动积极性的发扬不可能实现"，既然"不可能发扬"，"发扬不可能实现"已经包含在里头了。

(四)例的"对电话费无力负担"也是弯曲的累赘的说法，说"无力负担电话费"多简捷。

(五)(六)两例可以一起说。说"不能允许无票乘车"，"他就只有等着破产"，够明白了，而且切实。加上个"的情况""的命运"，反而把切实性减轻了，因为"情况"跟"命运"都是抽象性的。

(七)例多说了个"与"。如果重说一遍，多想一想，决不会说这个"与"。

在(八)例里，"机构庞大""人事复杂""组织散漫"是申新原有的情况。是情况，才会“成为今天的包袱”(“包袱”是比喻说法，不用比喻，就是“受累的负担”)。照原文，“由于过去……组织散漫”是个表明原因的说法。原因表明了，什么东西“都成为今天的包袱”呢？可没有着落。推究到这儿，就知道原来是多说了个“由于”。去掉“由于”，就切合作者要说的意思了。还有“包袱”这个比喻说法，现在大家都了解它的含义，无须形容。给形容上个“困难”倒有些别扭了，因为单说“困难”并不等于“难以负担”。这个“困难”大可以不要。

(九)例里我要说的是“但是这些幻想是要落空的”。幻想还有能够实现的吗？说投机家的幻想要落空，底下又给说明原因，原因在人民政府的措施“仍然以保持物价稳定为界限”。好像如果没有这个原因，投机家的幻想也许能够实现似的。其实“要落空”的意思已经包含在“幻想”本身里头，不必多说了(末了“界限”也有问题，因为不属于“多说”的范围，不谈了)。

多说的反面是少说。少说当然不能把意思说清楚。夸张些把花钱来打比，那就是吝啬——当用不用。现在也随便举些例子来谈谈：

> (十)棉花、百货等商品价格，则逐渐达到产、销区间应有的合理差额。——六月十一日第一版《物价由落转趋平稳，武汉市场情况好转》

（十一）根据武汉市工商局的统计：四月份全市工商业申请停、歇业与申请开业两者约为七与一之比。——同上

（十二）在提问题中，有些单位也曾表现了认为税收是件麻烦事……错误思想。但这些问题经充分酝酿、组织学习、讨论终于得到解决。——四月八日第二版《张市公营企业完成纳税》

（十三）我保证把妇女组织起来，并发动妇女动员男子参加挖河。——五月十日第一版《宁河妇女下地生产，解决了春耕与河工的矛盾》

（十四）为了提高学习效果，……许多机关学校采取了自上而下的领导重视和自下而上的学习自觉相结合的方法。——五月十日第三版《平原六千干部补习文化》

（十五）由于支部注意了健全党内组织生活，加强支部教育，并得到县区领导的直接帮助，因之能够团结全村农民，结合改良技术巩固互助组织，为广大劳动群众指出了劳动互助，生产致富的道路。——四月二十二日第三版《改良技术，巩固互助，山西榆社大寨村支部领导生产经验》

（十六）因此，在残余土匪可能进行破坏扰乱地区，一切人民武装均应……严密注意隐蔽敌人的一切破坏活动——六月二日第一版社论《全力领导夏收夏播》

（十）（十一）两例同样的少说了一点。就是“产、销区”“停、歇业”都没有说够。这不能拿“产销合作社”“进出口生意”来比拟。“产销合作社”是一个合作社，干生产又干销售，“进出口生意”是一行生意，做进口又做出口。“产、销区”可硬是两个区域——“产区”跟“销区”，“停、歇业”可硬是两回事情——“停业”跟“歇业”，不能够合并起来说。或者有人要说：“你没见有个尖点儿在那里吗？用上个尖点儿，就表示‘产’‘销’共同贯到‘区’，‘停’‘歇’共同贯到‘业’。”这个道理我当然明白。可是我要问：如果念给人家听，这些个尖点儿怎么念出来？还有，为什么一定要省说一个“区”一个“业”呢？（十）例的标题里的“由落”也说少了，无论念起来看起来，总要叫你一愣。

（十二）例里的“酝酿、组织学习、讨论”也是利用尖点儿省说话。如果念出来，人家只听见一连串的双音词——“酝酿”“组织”“学习”“讨论”，搞不清作者的原意。咱们凭两个尖点儿来揣摩，才知道“酝酿”跟“组织”是两回事，“学习”跟“讨论”又是关乎“酝酿”跟“组织”的两回事，二二得四，这里头实际说了四回事，就是“酝酿学习”“酝酿讨论”“组织学习”“组织讨论”。且不说听不清楚，单说看，必须揣摩一会儿才了解，也太难了。我要劝大家不要这么办（现在很有人喜欢这么办）。这不是简捷，简直是只顾自己，不顾别人。可是

说话写文章是决不能只顾自己，不顾别人的。

在（十三）例里，参加挖河的是妇女跟男子呢，还是只有男子？“发动”跟“动员”意思差不多，骤然一看，这句话很可以了解成号召妇女跟男子一同去参加挖河。幸而有个标题在，咱们看了标题（当然还有上文），知道妇女“下地生产”去了，挖河的只有男子。因此断定这句话实在是“‘发动妇女’去‘动

员男子参加挖河'”。说起来有个“去”,这个“去”表明了关系。如果写下来也保留这个“去”，就不至于叫人疑惑了。

在(十四)例里,我要说的是“领导重视”跟“学习自觉”。“领导”就是领导干部、领导人物,现在很通行的了。“重视”什么?重视下级干部跟学生的学习。所以加上个“自上而下”，一点没有错。底下的话是跟这个对称的。用对称的看法看,上头的“领导”既然指领导干部、领导人物，底下的“学习”也该指参加学习的下级干部跟学生。可是这样的对称方法现在并没有通行,恐怕将来也不会通行。所以“学习自觉”是少说了话，为了硬要跟上头对称，没有把意思说清楚。至于“自下而上”又是多说的例子。下级干部跟学生自觉的乐意学习,怎么说“自下而上”呢？这是难以想通的。

(十五)例里的“结合改良技术巩固互助组织”又是一连串的双音词,跟(十二)例相同。这个话硬把表明关系的词省去了,跟(十三)例相同。改作“把改良技术和巩固互助组织结合起来”，就清楚了。再说这个例子的标题。明明是“巩固互助组织”,可是标题把“组织”省去了。“互助”跟“互助组织”不同,不能随便。为了形式的对称牺牲内容，无论说话写文章，都是不应该的。

末了一个例子也因为少说了一个表明关系的词，“隐蔽”的作用就不明确，可以把它看成个形容词，也可以把它看成个

动词。如果把它看成个动词，毛病可大了，正好把原意了解得相反。事实上自然不至于了解得相反的。可是，为说得清楚起见，为什么不按照咱们说话的习惯，说成“隐蔽‘的’敌人”，把“隐蔽”确定作形容词呢？

怎样辩论

一 什么叫作辩论

辩论不是演说

当着大众的面前，把某一件事实原原本本地讲出来，或是对于某一个问题的意见，尽量地发挥出来；或是把某一种的科学，详详细细地讲出来，这都叫作演说。演说的人演说终了便好了，辩论却不是这个样儿。对于某一个问题，有人主张正面的，有人主张反面的，大家把理由像演说一样地说了出来以后，可以互相驳复。甲方说乙方的理由怎样的不充足，乙方说甲方的证据怎样的不完备，最后受公正人的批评，这叫作辩论。

辩论不是争论

小朋友在游戏的时候，发生了误会，往往会分成甲乙两派。甲派说乙派有什么错误，乙派也说甲派有什么错误，口讲指画，哓哓不休地争论起来。大家不肯认错，便变成谩骂，有时竟致打架，这就是辩论吗？不对，不对，辩论不是这个样儿的，这样的叫作争论。

辩论的态度很严正，很郑重，双方只是对于辩论的题目上尽量地发表意见，尽量地指出对方的错误，不羼入一些意气。谁胜谁负，全凭公正人的批评。胜的人没有傲态，败的人也不会负气。

辩论不是强辩

小朋友们时常还有这样的情形：

做错了一件事，说错了几句话，有人来替他纠正，告诉他错在什么地方，告诉他怎样做或怎样说才对，在理应当感谢那

纠正他的人，可是有的小朋友却会不服。明知自己是错的，还要想法掩饰自己的错，和人辩难。这就是辩论吗？不对，不对，辩论不是这样的，这叫作强辩。

辩论的材料，理由很正当，证据很充足，只是从理论上或是事实上证明自己的主张，或是指摘别人的主张，不该有服气不服气的杂念夹在里头。

二 怎样准备辩论

准备哪几件事

在实行辩论以前，像搜集辩论材料，预拟辩论纲要，练习辩论时的姿态等，都要先事准备。假使不先事准备，见对方讲得头头是道，理由十足，态度自然，自己会一句话也说不出来。就是能说几句，也都是空泛的话，既没有充实的理由，又没有确切的证据，更不能扼住对方的弱点，提出质问。语句的组织不能适当，语调的高低不能自然。这怎么能够博得听众的同情呢？

以下的两事，应该事先准备：

1. 拟制辩论纲要

2. 练习辩论

拟制辩论纲要

拟制辩论纲要，须分做四步手续：

第一步是分析题目：凡是一个辩论的题目，都可分做正反两方面。譬如说:“夏天时的生活是不是比冬天时的生活舒适？”这一个问题，便可以分出正反两方面。说夏天时的生活舒适是正面，说冬天时的生活舒适是反面。参加辩论的人，先该认定自己主张正面还是反面，再仔细辨别题目中的重要含义，最后还应该去搜集材料，调查证据。

就拿上面的一个问题说，重要的含义是说明生活的舒适，便该从生活的舒适上着想。

第二步是搜集材料：材料要搜集得多，辩论的内容方可以充实。普通都从下面的三方面去搜集材料：一是整理自己原有的知识；二是征求别人的意见。因为个人的见解，个人的知识，难免不很正确，不很充足，所以须访问别人，以谋集思广益；三是查阅书报杂志。因为个人的知识和访问得来的，或许有错误，或许不翔实，书报杂志记载的比较可靠一些。

对于对方主张的理由也须预想一下，并搜集驳斥的材料，使对方的理由不能成立。

第三步是调查证据：要说明自己的主张，最好不要空口说白话，要引出事实来证明自己的主张，或是提出有力的证据，像调查表统计表等来充实自己的理由。

要驳斥对方的主张，也不要空口说白话，因为空口说白话，理由不很充足，决不能使对方心折。最好能引出事实来证明对方的主张错误，提出有力的证据来证明对方的理由不成立。

调查证据的方法，当然先要调查自己方面的。证据愈多，愈可证实自己的主张是有根据的。再依照了预想到的对方的理由，调查驳斥对方的证据，证据愈多，愈可使对方的理由动摇。调查证据时，须依下列的标准选择：

1. 要十分确实的；

2. 要切合现代情形的；

3. 要公平合理没有偏见的；

四. 要能打消别人的偏见的；

五. 调查统计等要详细周密的；

六. 要引用专家的经验话；

七. 要适合听众的程度的。

第四步是拟制纲要：把搜集的材料，调查的证据，整理一下，做一个有次序的纲要。辩论纲要，大概都分成三个段落：第一段是引论，说出题目的主旨和本人对于这个题目的主张。为了要使听众清楚起见，须把理由分成几项，一项一项地说出；第二段是引证，引出事实证据，证明自己的理由是充足的。倘使每一项理由下都有一个证据，最好在说明了某一项的理由以后，立即举出那证据来证明，这样才容易使听众有确切的信念；第三段是结论，把自己的理由证据，总括一下，下一个有力的断语。

下面的一个表，就是编制辩论纲要的次序：

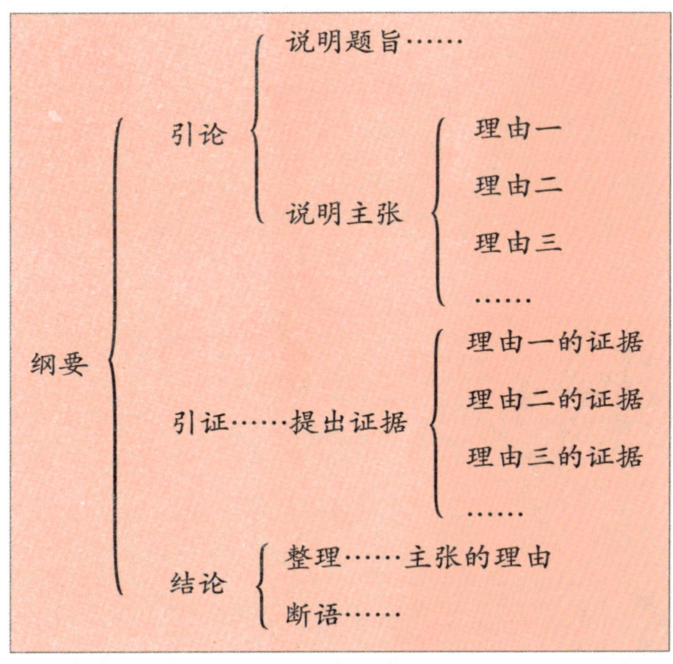

练习辩论

练习辩论的方法，依普通的情形说，分三种 ：

一种是练习辩论时的姿态。练习时，可以对了镜子说话，自己观察自己的态度怎样。如有不妥当的地方，随即改去，总求十分自然。许多有名的演说家辩论家都是这样练习的 ；一种是练习辩论时的发音。可以到空旷的地方去练习，使发声高朗；一种是练习辩论时的语调。先体会辩论材料的内容，哪一个地方应当慷慨激昂，哪一个地方应当悲壮淋漓，哪一个地方应当沉着轻和，然后仔细练习，总要高低得当，十分自然。

三 怎样实行辩论

辩论的次序

辩论的次序，先是陈述，就是双方说明自己的主张。大概主张正面的先陈述，主张反面的后陈述。双方都把自己的主张说明以后，就开始复辩。就是驳斥对方的主张和补充自己的理由。大概主张反面的先复辩，主张正面的后复辩。

假使人数过多了，陈述和复辩的次序便不同。先由正面第一人陈述，其次是反面第一人陈述，再次是正面第二人陈述，再次是反面第二人陈述，继续轮流下去，到大家都陈述终了为止。复辩时，先由反面第一人复辩，其次是正面第一人复辩，再次是反面第二人复辩，再次是正面第二人复辩，继续轮流下去，到大家都复辩终了为止。

陈述和复辩的时间，都不是漫无限制，可以一直讲下去的。陈述的时间，普通规定每人以十分钟为限。复辩时间，普通规定每人以六分钟为限。到了规定的时间，便不能再讲下去。所以陈述和复辩时应当直截痛快地说扼要话，不要多说废话。复辩终了以后，由公证人从两方的理由态度语言等各方面比较高低，评定次第。

辩论的态度

我们在前面曾经说过，辩论不是争论，辩论不是强辩。争论和强辩，都是意气用事的，辩论便不该负气。自己的主张，当然不肯让步；对方的弱点，当然要尽力攻击；对方的驳复，当然要尽力申辩，但是态度一定要十分和善。因为辩论是理论上的探讨，不能像无知小儿的吵嘴那个样儿。

辩论时更当有沉静的态度，陈述才能清楚，辩词才会锋利。假使没有沉静的态度，一上台去，便心慌意乱，应当陈述的不陈述，应当申辩的不申辩，那便毫无精彩了。

辩论者的能力

辩论者应当有两种能力：一种是抑制感情的能力，一种是尽力形容的能力。对方的理由层层逼迫，弄得自己无词可答时，不要有厌恶、仇恨、愤怒等的恶感，使对方难堪；自己的理由十分充畅，使对方无懈可击时，不要有傲慢、轻视、冷笑等情形，使对方难堪。这都要有抑制感情的能力。

列举的理由，引证的事实，提出的质问，凡是重要的地方，不要轻轻带出，使听众忽略过去。这便要有尽力形容的能力。

四　辩论时应该注意些什么

引起听众注意

要使听众注意，最重要的当然是材料丰富，立论确当。但也有材料很丰富，立论很确当，却不能引起听众注意的，这毛病在不会引起听众的注意。同样的一句话，有的人会说得使人十分注意，有的人会说得使人十分生厌，这全在于演词有没有刺激性。激昂的话是有刺激性的。同样的一层意思，有的人会说得栩栩有生气，有的人会说得索然无味。这全在于演词的组织是不是清楚简当。演词的组织简当，语调流畅，可以使听众兴奋，集中注意力。

维持听众兴趣

要维持听众的兴趣，须注意以下两点：

1. 多用故事做譬喻：多说纯理论的话，是很沉闷的，听众的注意力便要涣散。能多用确切的简短故事做譬喻，便可使听众感兴趣。

2. 态度要庄谐并作：辩论的态度固然要庄重，然而过分地庄重了，就成呆板。听众看见了一副呆板的神气，就要生不

快之感。所以有的时候，须带些诙谐的意味。但是也不能过分，因为过分了，容易成为浮滑，听众看见了一副浮滑的神气，也要生厌。所以说：态度要庄谐并作。

扼住对方弱点

善于辩论的人，辩词都是针锋相对的。你攻击我什么，我就申辩什么；你怎样地驳斥我，我也怎样地驳斥你，层层驳诘，好像剥茧抽丝。

当对方在陈述和复辩时，须仔细地静听着：把对方所说的理由，一项一项地摘记在纸上。再仔细地想：哪一项理由不充足，用什么话来攻击，使对方的理由不成立？用什么话来证实自己的理由？用什么话来答辩对方提出的问题？提出什么问题来质问对方，使对方无言可答？这样的辩论，才能有声有色，针锋相对。

五 余 言

上面已经把辩论的意义，辩论材料的搜集方法，辩论纲要的拟制方法，实行辩论的方法，辩论时的注意点等，都讲得很明白了。小朋友！看完了这本书，可以组织一个辩论会，大家规定了办法，约定了时间，请老师做公证人，实行辩论。看谁的辩论技能好，看谁搜集的材料好，看谁的辩论态度好。

六 附 录

辩论资料举例

铁的功用比棉大。

正面

本组承认铁的功用比棉大。为什么呢？因为现在的世界，是铁的事业的世界。像火车、电车、汽车、脚踏车、飞机、轮船等交通器具，都要用到铁，假使没有铁，交通便不能如此便利。像织布机、面粉机、造币机、缝衣机以及剪刀、凿子等工业器具，也都要用到铁。假使没有铁，工业便不会如此发达。再像锄头、铁耙、戽水器、播种器、翻土器等，也都要用到铁，假使没有铁，农业便不会如此的发达。更像烧饭的铁锅、切菜的刀等，也都要用到铁，假使没有铁，我们就不能够熟食，恐

怕还是要做生番。更像枪、炮、剑、军舰、潜水艇、鱼雷等，也都要用到铁，假使没有铁，我们就不能征服恶人。世界上一旦没有铁，便成了不进步的世界。科学家说：铁的需用和文明程度有关系。野蛮人不会用铁，文明愈进步，用铁的地方愈多，这就可见铁在现代社会上所占的地位了。铁的需用既是这样的多，铁的功用就可见是很大了。所以本组承认铁的功用比棉大。

反面

本组承认铁的功用不及棉。我们身上的衣服原料，不是大都用棉花纺织成功的吗？哪一个人的身上，不穿着用棉花纺织成功的衣服？哪一个人的身上，可以一天离开了棉花的制造品？冬天不穿衣，便要冻死；夏天不穿衣，虽不冻死，然而赤身露体，总不像样。世界一天一天地进步，棉的功用也一天大一天。分开说：

1. 和人生的关系：像篷帐、帘子、毯子等，都是用棉做成的。棉籽可以榨油，是油类工业的重要品。棉籽又可以做肥料，是农田肥料的重要品。棉的枯枝，又可以做燃料。

2. 棉在实业上的地位：我们中国人，靠着棉花生活的，很多很多，请大家看这张调查表：

民国十年华商纱厂联合会棉产调查报告表	
国内棉田面积	二千八百万亩
种棉的农户	三百余万人
靠种棉生活的	五千余万人
棉产总价值	三万五千万元以上

照表上看来，棉业确是我国的重要实业。再看世界上靠纺纱生活的人数有多少：

纺纱锭子　一万五千万枚

在厂工人　九百万人

投资总数　八十万万元以上

3. 棉和国力的关系：英国和美国是靠商业发财的，据过探先先生说："英美商业上的来往，最多的是棉。"再试看印度。印度是给东印度公司灭亡的，就是给东印度公司用棉花生意灭亡的。

本组从棉和人生的关系、棉在实业上的地位、棉和国力的关系三方面着想，觉得棉的功用比铁大。

正面复辩

说棉的功用也很大，我们是承认的；说棉的功用比铁大，我们却不承认。

我们试仔细地想：假使没有铁来做种棉花的器具，农家还能种棉花吗？拿什么东西来垦植呢？假使没有铁来做纺织的器具，能够把棉花纺成棉纱，把棉纱织成棉布吗？假使没有铁来做剪刀、缝针，能够把棉布剪成各式各样的衣服吗？能够把棉布缝成衣服吗？假使没有铁来做轮船、火车，便不能把棉花运送出去，便不能靠着棉花发财。假使没有铁来做纺纱锭子，便不能靠纺纱生活。

反面复辩

棉的功用和铁的功用都是对人说的。假使人都冻死了，铁的功用虽然大，也没有人去利用它。人类必须吃饱了穿暖了才能想法利用铁，做成各种铁器。如说铁的功用大，先请把棉做的衣服脱去，换了铁做的衣服来说话，诸位能不能呢？不必请诸位答复，一定是做不到的。至于铁质的各种器具，却都可以用别的金属来代替。到了现代，用别的金属来代替铁的趋势，一天盛一天了；用别的东西来代替棉，却没有这样的盛。更如铁可以做枪炮，好像是一项很大的功用，其实有很大的害处。战争的祸，经历过的人，总可以想得到，就是未经历的人，从报纸上也可以看得到。血肉横飞的情形，真是伤心惨目，这不是用铁制造枪炮的害处吗？说到棉花，虽然也可以做成火药，可是没有铁做的枪炮，火药也就没有用处。况且现在的枪炮里装的大半是铁做的子弹，用火药的真是很少的。铁做的枪炮，有这样的害处，诸位能说出棉质的东西会发生杀人放火的事实吗？

棉的功用，我们是从正确的统计表上看出来的；铁的功用，却只是空说，没有充足的证据，谁能相信铁和人生到底有怎样的关系！

本组从各方面看来，总觉得又暖又软的棉花，它的功用比冰冷的铁大。有的时候，铁的区区功用，简直不足以抵消它杀人放火的滔天大祸哩！

答学习国文该读些什么书

常常接到读者们来信问起：学习国文该读些什么书？我们很感惭愧，对于这个问题，总不能作一番令人满意的答复。我们只能说，就最广的方面而言，凡是用中国文字书写的书籍文篇，都可以用来学习国文。可是我们不能就最狭的方面而言，指出什么什么书特别适于学习国文。专供学习国文用的书是没有的，除了国文教科书。而来信询问的人大多已经读过教科书，显然想在教科书以外再读些专用书，可惜那是没有的。

恐怕来信询问的人对于所谓学习国文只存个含糊的观念，他们笼统地觉得自己的国文程度不怎么好，又笼统地认为只要读一些专用书就会有进境，于是写信来问我们了。现在我们要请他们想一想清楚，究竟为了什么要加紧学习国文。为了不大熟习我国语言文字的习惯法则吗？为了不很能够运用语言文字发表自己的意思情感吗？为了不很能够看懂各种各样的书籍报志吗？为了想写一些所谓文艺作品，可是写来写去总不像个样儿吗？我们想除了以上几层，大概不再有加紧学习国文的需要了。

请先从看懂各式各样的书籍报志说起。没有一个人能够看懂所有的书籍报志的（单就用我国文字书写的而言）。各式各样的书籍报志的内容不同，用语和讲述的方式各异，一个人熟习了这些部分，未必能同样地熟习那些部分。譬如看杂志，对于普通杂志能够一目了然，对于专门研究经济的杂志也许就不甚了了。又如看史书，对于人物的传记能够通体理会，对于历律的书志也许就完全不晓。而且文字有古今的分别。在古代文字这个名称之下，包含的文字体式实在说不清有多少种。一个人怎么能完全通晓古今各种体式的文字？所以就一般人说，只能悬这么一个目标：能看懂普通的书籍报志也就够了。

这里所谓普通，也只是个不很明确的形容词，大概常见的习用的一些书籍报志，就叫作普通的。一般国文教科书就根据这种见地编成的。教科书从普通的书籍报志选取样品，供学习的人阅读，其意以为你看得懂这些样品，也就看得懂这些样品所从取材的那些书籍报志了。不过教科书篇幅有限，虽说只收

些普通的书籍报志的样品，到底缺漏还多。你要扩充范围，弥补缺漏，就得在教科书以外，直接阅读书籍报志。单就普通的而论，那范围也是无限制的，那缺漏也是补不完的，所以自好的人愿意经常阅读，从幼年直到老年。再就看懂两字而言，也有程度的差别，仅仅明晓字面，不能说他不懂，但是咀嚼得透，把内含的意味一一体会出来，那就懂得更多。

世间不少谈读书方法的文篇与书籍，不能说全无用处，不过最重要的还在读书的人自己多读。读书是属于能力方面的事，凡能力必须继续不断地磨炼，才会越来越精强。在读得不多的时候，也许只能达到明晓字面的境界，后来读得多了，熟能生巧，竟能作极深切的体会，这样的例子是常见的。

综合以上两层，阅读范围的扩充，阅读能力的加强，都可以称为国文程度有进境。这种进境并不是读了什么专用书得来的，却在乎多读那些普通的书籍报志。

其次说运用语言文字发表自己的意思情感。胸中仿佛有些东西，可是表达不出来，就认为这是国文程度不好之故。这样想的人恐怕很多。我们以为有意思表达不出来固然也可以说他的国文程度不好，但是说他想心思的程度不好尤为确切，想心思就是心中说话，想得清清楚楚就是说得清清楚楚，不应该不能用文字表达出来(文盲当然不能)。那些表达不出来的意思大概是没有想清楚的，朦胧之中以为自己有个意思在，实则那个意思并未具体形成，怎么表达得出来？一个人假如经常这样不清不楚地想心思，他吃的亏倒不在国文程度不好上，而在处理自己的生活不得要领上。提高想心思的程度得从改变想心思的习惯入手。任何意思不让它朦朦胧胧而止，必须想得清清楚楚(也就是在心中说得清清楚楚)方罢休。经过一段刻意修炼的时期之后，表达不出来的苦闷即使不能全部解除，必将减轻不少。读书也有用处，书是人家所想的心思，揣摩人家怎么想心思，对于自家想心思当然多少有帮助。不过人家想心思以人家的生活作背景，自家想心思也该以自家的生活作背景，如果一味依傍人家，或许会丧失了自我。所以就提高想心思的程度而言，读书是一种办法，可不是顶好的办法，顶好的办法还是就事想事，生活中需要什么想什么，一定要想得完密明确，不容它含糊将就。完密明确的意思必然表达得出，因为心中的一番

话已经说清楚，把它化为纸面的文字只是一种记录的工作罢了。表达得出就是国文程度好，可是达到这个好并不全靠读书，如前面所说。

又其次说熟习我国语言文字的习惯法则，这是不成什么大问题的。我们幼年不会听话，不会说话，后来渐渐会听会说了，就因为熟习了语言的习惯法则之故。欲求熟习得更广更精，唯有多听、多读、多应用而已。除了对于语文研究有特别兴味的而外，似可不必再做旁的功夫。

末了说写文艺作品。文艺作品不是一种奇奇怪怪的特殊东西，文艺作品中装载的也是人们的意思情感，不过那本质比一般的意思情感来得精妙，表达的方式又恰如其分，刚刚把那本质传出，可以使人家心领神会：这就给它取个名称叫作文艺，以便与一般普通文字有个分别。意思情感要精妙，表达方式要适宜，是硬做不来的，执着笔杆只管写，捧着书本只管揣摩，未必全无用处，可也不见得十分有用处。原来意思情感与表达方式都从一个人的整个生活而来，必须整个生活产生得出精妙的意思情感与适宜的表达方式，才有写出像样的文艺作品的希望。

平时写信答复写不详细，这回总答复写得多些，但是仍嫌抽象，恐怕对于投书的人没有多大帮助，惭愧得很。

怎样读报

一 我们为什么要读报

报纸是一件奇异的东西，它每到一处地方，大家便抢先地去读它。它能够吸引连小说都不愿意读的人，也能够吸引几乎吃饭都没有工夫的人，使他们天天阅读。它虽不是玩具，却比玩具更能够引人注意。

报纸为什么这样引人注意呢？换一句话，我们为什么要读报呢？有人说读报可以消遣，但是各种游戏大都比读报更生动有趣；有人说读报可以看到广告，但是读报的人并不要天天买东西、找职业，又何必天天去看广告？

报纸是报告关于社会国家的各种重要事件的。它能够把远地的事情，不容易晓得的事情和人们必须要晓得的事情，一天一天逐件逐件来告诉人们。做了社会上的一个人，做了一个国家的国民，对于社会和国家的重要事情，怎好一些不知道呢？要知道这些事情，就得天天读报。

不要说知道些关于社会和国家的事情是人们必须的事，就是天天晓得些新鲜的事件，也是很有兴味的。有一种说新闻的人，喊着："说新闻，话新闻，新闻出在什么地名？……"听去不是很有趣吗！说新闻人说的新闻，十件有九件是随口胡诌的；报纸报告的新闻，才是比较真实可信的，所以大家都很高兴地去读报。

二 怎样准备读报

初读报的困难

读报这一件事，初入手时很觉困难，因为一时没有头绪，不容易知道报纸上说的是什么。

例如民国二十三年十二月九日的上海《申报》有一段电讯印着是："留港与团结"

"胡"是怎样的一个人？为什么要商团结？为什么由"王

宠惠”去商？为什么要在香港地方商量？这些问题假使没有预先明白，这一段电讯简直不能了解。

又如民国二十三年十二月七日《时事新报》有一段新闻，题做：“康藏祈祷达赖转世。”

“康藏”是什么？“达赖”是什么？怎样叫“转世”？读报的人假使没有预先知道，那么对于这段新闻也要“莫名其妙”。

读报虽不是为了兴趣，但读报的兴趣却应该保持的。初读报的时候假使困难太多，便不免要减少兴趣，所以在学习读报以前，我们应该有一些准备。

常识的储蓄

要明白“康藏”“达赖”和“转世”等的意义，那便要有丰富的常识。这些常识的来源是在各种学科里，我们应该随时随地去留意，把它们储蓄在脑子里，有如蚂蚁储藏粮食一般。但是一个人的学习时间有限，断不能在短时期内完全学得所有的常识，所以只得在遇到困难的时候，随时在各学科里去补习。

时局的认识

要明白“留港与团结”一类的新闻，便要预先对于时局有一个大概的认识。例如目前本地有什么大事？本国有什么大事？全世界有什么大事？我们都先知道了一些，然后去看报纸上所记载的大事才有头路。除了大事以外，对于目前各方面的平常状态，甚而至于许多重要人物的姓名(不论是我们所反对的，或赞许的)，都应该知道一些。因为报纸上往往只说“某某人辞职”“某某人的谈话”“某某人到某地”，我们如果不晓得这某人是做什么的，那么又要没有头绪了。

时事研究会的初步工作

我们怎样知道时局的大概？那可以请自己的家长或教师指示我们。最好把应该知道的事情，预先列成许多问题去请教他们，才使他们容易回答，我们也可以借此用一番功夫。倘使联合了一个班级里的同学一同读报，那么在起始的时候，可以特定两三个钟点大家会集着互相问答，请教师从旁指导。更好的办法就是组织一个“时事研究会”，时常开会研究时事，共同报告和讨论。

上面所说的时局大概的认识，便可以算做这研究会里的初步工作。这好比我们要到一个地方去，先查一查地图或者向人家问一问路径。

我们读报，假使中止了多天，对于时事一定会有些隔膜，在重行阅读的时候，应该重行准备一下，把过去许多日子的时局大略研究一番，所以读报最忌中途停止。

三 怎样养成读报的习惯

读报非万不得已不能中途停止，所以应该养成习惯。

读报的时间和地点

要养成读报的习惯，除了减少初读时的困难，提高读报兴趣以外，第一要规定读报的时间。在规定的时间以内，除了读报不做别的事情。这在起初自然觉得勉强，后来便会成了习惯。读报的时间，最好在每天下午课后阅读半小时（注：有许多地方不能看到当天的日报，可以变通时间）。第二要规定读报的地点，使我们走到这地方，便一心去读报。家庭里人少，读报地点可以不论。学校里有许多人共同阅读，必须选择公众便利却又很安静的地方，如教室、图书室、公众会堂或僻静的走廊都好。报纸的安置，最好平贴在木板悬挂墙上，高度恰合多数读者的身材。报纸最好备同样的两份，使读者可以看见正反两面。

读报的组织

养成读报的习惯，最有效的办法是组织一个读报团体。这团体里可以有下列几件工作：

1. 报纸的更换、整理和保管，大家轮流担任。

2. 各人的时间和能力不能把报纸全读，大家便分组担任，读完后在公定的时间里互相报告。

3. 公定读报纪律，如勿高声、勿损污报纸等，一致遵守。我们倘使组织时事研究会，这个工作便可归入在里面。

四 怎样选择要读的报纸

报纸的种类

我们所要读的报，大概是一种用文字记载的印刷品，但同是文字印刷的报纸，也有许多分别：

- 性质的不同
  - 一般的
    - 新闻作主体的（如《申报》《时事新报》等）。
    - 评论作主体的（如独立评论等）。
  - 专门的
    - 偏于一部分的（如政府公报，教育新闻等）。
- 范围的不同
  - 全国的（大都把全国的时事作主体，兼及全世界的时事）。
  - 地方的（把城市或乡镇的时事作主体，有的兼及全国和世界大事）。

（注）上海有几种报纸如《申报》《新闻报》《民报》《时报》和《时事新报》等，虽在上海出版，但它们的新闻范围都是全国的。所以它们都是全国的报纸，不过在各报里，上海本埠新闻的分量比较多一些罢了。

规模的不同：
- 大报（材料丰富，内容多记大事。）
- 小报（材料较少，内容多记琐事。）

出版期限的不同：
- 定期的（日报、三日报、周报、旬报和月报等）。
- 不定期的（快报、特刊、会场新闻等）。

选择报纸的标准

我们没有充分的时间去全读各种报纸，即使全读了各种报纸也未必都有益处。最好选定了一种，长期阅读，发现不合适的时候再更换一种。至于其他各报，只需在有机会时偶然阅读罢了。

我们读报的目的是要知道时事，所以要读的报纸，必须能够供给我们丰富、新鲜和正确的时事。根据了这个标准，我们常读的报，应该是以新闻作主体，并且是一般的、全国的、每日出版的大报。因为这种报纸上的消息又多又快，倘使它平日的名誉还好，大概它里面的记载也还正确的。

五 报纸的编制

我们选定了报纸，便要着手阅读了。阅读的起始，先要知道报纸的编制。因为报纸的篇幅很大，款式又和普通的书本不同，没有读惯了的人很不容易阅读。

报纸内容的门类

报纸的内容很复杂，大概有以下几种门类。但是规模小的报纸，门类并不完全。

1. 新闻。这是报纸的主要部分，所记载的就是远远近近大大小小的许多时事，大都是编报的人把各地访事员所发的电报和通信聚集起来的。

2. 评论。这是报馆主笔对于时事所发表的意见，但也有读报的人做了，经由报纸发表的。

3. 广告。这是各商店、工厂、团体、机关或各个人的。

每种报纸的首页，都有特别大号字的题名，这题名的地方叫作报头，报头所在的这一面叫作封面。报头上除了题名以外，大都附记年月日、出版号数、报馆地址、报纸的张数和价目等。

张数多的报纸，分做第一张、第二张等。第一张封面大都有广告，反面有评论、新闻等；第二、三、四张等，大概一半是广告，一半是别种门类；第五张以下，新闻却很少了。

报纸的各门类，各有地位，不互相混杂。但广告除了专有地位外，还要夹入新闻中的，因为广告的目的，本来是要使人家随处见到。

注意——今日随报附送图画特刊
第一张……要电
第二张……要电　国际电
第三张……本市新闻　教育消息
第四张……春秋　医业周刊
　　　　　经济专刊　商业新闻
第五张……自由谈
本埠增刊　第一张……小品文字
　　　　　第二张……电影专刊

《申报》的张数目次

六 报纸的文字

我们初读报时，还有一个问题，就是报纸上的文字不容易明了。报纸上的文字和我们常读的书本很有不同，大致说来，有以下几个难点，我们都应该想法解决。

文言化的字句

报纸上的字句，国语文很少，但大都是和国语很接近的文言文。这种文言文的组织和国语相差不远，不过用字有些不同：

第一，文言文里多用古代话语的文字，例如“吗”写成“乎”，“都”写成“均”，“所以”写成“故”……

第二，文言文每句的字数往往比国语文少一些，例如国语“其余的日子都照星期日的成例办理”一句话，文言文写成“余日均照星期例办理”。

我们的书本近年才改用国语文，报纸的习惯却还没有改变，新闻稿又都贪图省字，所以还多用文言。我们应该准备词典，随时注意查找，不久便能自然了解，因为报纸上的文言文，和国语文究竟还很接近。

随记式的文体

报纸上的记载大都出于速成，因此缺乏整理和修饰。例如下面的一节新闻，明明有三件事实（飞机员的毕业，江雁号的试飞，新机的订购），但记载的人却如随笔一般连篇并书，编辑的人又不加修饰没有分段。像这类的文字，我们读时应该注意，找出它的条理，才能够清楚。

江雁飞机试飞

海军飞机处学员何健、杨成栋等于上月毕业后，曾举行长途旅行一次，成绩殊佳。

现有该处长沈德燮将何、杨等四学员，一律升为助理驾驶员，昨日沈氏并亲至高昌庙飞机场试飞。新由闽运沪之江雁号，直之下午五时完毕，悉该处最近又向英订购摩斯机三架。

其马力为一百二十四，较前购数机实力为优，闻大约至明年二月间，即可运沪云。

简　词

报纸上的文字因为力求简省，便有许多“简词”，我们也应该随时学习。简词在我们日常话语里很多，报纸上却特别丰富。最多的是人名（如简称），地名（如上海简称沪），日期（如三十一日简称世日或世）和各种特别名称（如中央大学简称中大，执行委员简称执委）。如今把应用最繁的省市名和日期记录在下面：

各省市的简称：

江苏省——苏　　福建省——闽

山西省——晋　　绥远省——绥

浙江省——浙

陕西省——陕、秦

安徽省——皖

甘肃省——甘、陇

江西省——赣

新疆省——新

湖北省——鄂

辽宁省——辽

湖南省——湘

吉林省——吉

四川省——蜀、川

黑龙江省——黑

河南省——豫

天津市——津

广州市——粤

青岛市——胶、青岛

广东省——粤

察哈尔省——察

广西省——桂

宁夏省——宁夏

云南省——滇

青海省——青海

贵州省——黔

西康省——康

山东省——鲁

西藏——藏

河北省——冀

蒙古——蒙

热河省——热

南京市——京、宁

汉口市——汉

日期的简称：

一日——东　二日——冬　三日——江

四日——支　五日——歌　六日——鱼

七日——阳　八日——庚　九日——佳

十日——蒸　十一日——真　十二日——文

十三日——元　　十四日——寒　　十五日——删

十六日——铣　　十七日——筱　　十八日——巧

十九日——皓　　二十日——号　　廿一日——个

廿二日——养　　廿三日——漾　　廿四日——敬

廿五日——径　　廿六日——宥　　廿七日——感

廿八日——勘　　廿九日——艳　　三十日——陷

卅一日——世

空　白

关于军事方面的新闻，因为要守军事秘密，常常把部队的名称、行军的路线等空白起来。又有时候，报纸已经完全编好，而且已经在排字房里完全排好，正要制版印刷了，忽然发现有违反新闻纸出版法的项目，若要重排，时间已经来不及了，只得把那违法的部分抽出，由它空白了。为了这两个原因，报纸上有时会发现“□□□”“×××”或竟空白了一大块的地方。下面便是一例：

空白的例

误 排

普通的日报，总是在深夜几个钟点里编印成功的。因为时间匆促，所以错误是难免的。有的脱落了字，有的错印了字，有的把两条新闻的标题掉错了，也有的竟把事实都记错了。因此在读报的时候，应该仔细判辨。如有疑义，便须翻查旁的书报，或去请问父兄或教师。有时，报纸的编者，也会在下一天的报纸上申明更正，应当随时注意。

七 怎样读新闻（一）
——编排形式的认识

新闻是报纸上的主体，也就是我们最需要阅读的东西，所以新闻编排的形式，我们应该知道得更清楚一点。

新闻的排列

分栏编制。编报的人把各处访员的电报和通讯聚集起来编成新闻。电报大都是最重要和最新鲜的时事；通讯大都是带着“追记”或“详闻”性质的时事。有许多大报便把电报和通信分成两部分，电报在前，通讯在后，每一部分里又因地方的区别划成几栏，它的顺序大概如下：

甲、电报(1. 国内要电；2. 国外要电；3. 公电)。

乙、通讯(1. 要闻，即本国和世界大事的记载；2. 地方通讯，即全国各地方的局部时事，每一地的时事都归在一起，标出地名，如“苏州”“杭州”等；3. 本埠新闻）。

新闻的标题

报纸上记载的新闻大都各有标题。新闻标题有两个用处：一，引起人家的注意，使读者见到了标题，便觉得要仔细阅读这一节新闻；二，摘记新闻的大要，使读者见到了标题，便明白一个大体。

所以我们读报的时候，最好先翻开报纸，把各个标题都看过一遍，那么这一天的时事大概怎样？我们应该注意什么事？都有一些头绪了。

文章的标题大概是很简单的一句文字，但新闻的标题却又不同，因为新闻的内容有性质、主体、地点、时间和原因等要

点。一个标题里标点符号越多，便越能使人明了，倘使字数太少，便很费事。有的在正题的同行；有的在正题的次行，另有小题目叫作附题；有的在正文各节的起首，另有分题。附题、分题都是帮助正题的，所以读报的人应该同样的注意。

八 怎样读新闻（二）
——新闻内容的分辨

新闻的要点

读者被新闻的提要和标题吸动了以后，便要去接触新闻的内容。每一新闻都有几个要点，读者只消捉住要点，那全体的新闻便大都明白了。

新闻内容的要点，前面已经说过有事实的性质、主体、地点、时间和原因五项，我们可以用五个“什么”来表示：

1. 什么事（时事大概的性质）？

2. 什么人或什么东西（造成时事的主体）？

3. 什么地方（时事发生或关涉的地方）？

四．什么时候（时事发生和经过的时间）？

五．什么缘故（时事发生的原因）？

新闻的真实性

报纸上的新闻，有时也会不十分可靠的。譬如各地发出的电讯，往往会替自己“隐恶扬善”，为别处“造谣生事”的。尤其是那些有特殊背景的通讯社，惯会这样做。所以对于新闻的真实性，很有估量一下的必要。不过不是很有经验的人，不容易做到这一步。关于国际新闻，更要留意。因为供给报馆采取新闻材料的通讯社，我国办的，虽也有中央社、国闻社、国民社、申时社等，但是势力远不及英国的路透社、法国的哈瓦斯社、美国的合同社和联合社、日本的电通社和日联社、苏俄的塔斯社等，所以我国的报纸，不能不采用外国通讯社的电讯。各国的通讯社，自然都不免要偏护自己的国家。譬如关于我们东北四省的消息，电通社和日联社发出的，就或许有些欠真实。这是很应该注意的。好在现在的报纸，大概都把每条新闻的来源，在末尾注明，很可以让我们自己来考量。

读报的工具

我们认字不够，往往会在报上发现不识的字，所以我们应该备着字典。还有那种两字以上联合起来，含有特殊意义的成语，报上也常常会发现，所以我们也应该备着辞典。上面说过，新闻有五要点，其中事情、人物、时候、缘故，都可以从新闻记载的本身上看出来，但是关于地方一点，新闻里只记着地名，还不够使我们彻底明白。所以带了地图读报纸更是一个重要条件。

九　怎样读评论

评论和立场

报纸上的评论，虽说是代表舆论的，可是也不免偏于某一方面。譬如一个人，到了怎样的地位，便说怎样的话。穷人的话，富人不中听；店主的话，伙计不中听。报纸是某一种人办的，就说某一种话，这叫作报纸的“立场”。报纸的评论，便大多根据这种立场而说话的。

读评论的态度

我们对于所读的报纸，应该先明白它的立场。要明白各种报纸各自不同的立场，最好是随时去请问深有读报经验的人。评论在报纸上大都排在新闻前面，我们却最好等到读完新闻后才读评论。那时，我们先看评论的题目，预备些自己的意见，然后读下去，读完后再把它批评一下。这样，可以借此练习自己的时事批评力，也不至于给编报的人把真理遮掩了过去。

十　其他部分的读法

报纸除了登载新闻以外，尚有专载、杂俎、副刊和广告等部门。这些材料虽不是报纸的主体，却也值得一读。

专　载

官厅里的文告、规程和法令，名人或学者的演讲稿，和普通人民的论著，都有借着报纸的一角来发表的，这些都可以叫作专载。从这些材料里，很可以得到一些必要的常识。读报的人，可以先看一看题目，是不是合于自己的需要和兴趣，然后决定要不要详细阅读。

杂　俎

前面说过，这一部分，大概是载些增加读者趣味的小品文字的。读者在看完了全部新闻之后，精神有些厌倦，接着阅读这一部分，趣味浓郁，自然会兴致淋漓起来。非但足以提高兴趣，于文艺方面，也有些帮助。不过，有些人翻开报纸，第一便寻“报屁股”（报纸上杂俎部分的俗名），反把主要的新闻搁在脑后，这是最不应该的。

附　刊

报纸的附刊，种类很多，性质各各不同。读者可以凭着自己的兴趣，随意选读。譬如《申报》的儿童专刊，自然是小朋友们应该常读的。

广　告

读报人本来不必读广告，不过有需要的时候，就不能不读。譬如要买一本新书看看，就得读各书坊的出版广告；小学毕业，预备升学，就得读各中学的招生广告；想要习业，就得检查有没有各公司各工厂招收练习生的广告。非但如此，若是常常翻阅各种广告，有的是什么启事，有的是什么声明，有的是报丧，有的是告婚，各有各的格式，对于应用文件的作法，着实可以学习一下呢。

总而言之，阅读报纸，真有说不尽的好处。从前人常说："开卷有益。"现在也可以说："翻报有益。"

十一 读后的工作

剪贴

把报纸上所载的材料，选择重要的和有价值的裁剪下来，分成门类，按日排列，贴成一本本的小册子，以备将来查考，这是一件很重要的工作。若是不懂怎样选择材料，怎样分别门类，快请父兄或教师指导。

时事研究

一件重大的时事，一定是有因有果。既然做了剪贴工作，一天一天把关于这件事的记载连续贴在一起，那么就可以研究出它的前因后果来了。一件重大的时事，一定是情形复杂，和同时的另一件事会有连带关系，和以前或以后的另一件事也会有连带关系。若是把分开剪贴的各件时事，集合起来，加以仔细地研究，一定可以发现许多重要的关系，因此对于时局会得更深切的了解。能够组织时事研究会，联合了许多人共同合作，那是最好。

保　序

已把报纸剪贴过了，就该把那些贴存报纸的小册子，一本本的编号保存，藏入图书室里。若是同时能有两份报纸的话，就该把那一份没有剪碎的全部保存起来，每月装订一册，编好号数，存入图书室。这些册子，将来在历史上是非常宝贵的材料呢！

练习学校新闻的投稿

把时事的记载，或改编，或记录，或绘成图画，投到学校新闻社里去公布。还可以仿照报纸上所载各种文字的格式，写些学校里的新闻，自己对于时事的意见，以及各种小品文字，投登学校新闻。

怎样在图书馆里看书

一 为什么要到图书馆里去看书

各人的个性不同，彼此喜欢研究的事物，当然不会一致。在课堂里，在团体行动中，学习和研究总不免有强制各个个性去迁就大多数的趋向。要补足这个缺憾，我们就不得不向图书馆内搜罗自己所喜欢的书籍，各种学科上需要参考的书籍，去研究，去阅读，以补充课内各种书本上的知识之不足，使我们各个人的生活得以丰富，品性得到修养，学术因此促进，技艺逐渐娴熟。

二 图书馆是怎样的

怎样在图书馆内看书？这的确是我们小学生的一个很重要的问题。在解决这个问题之前，还得先解决一切应当明了的问题——图书馆内的设备怎样？到图书馆里去借书的手续怎样？如果不明了图书馆内的设备状况，借书手续，而要到馆内去看书借书，那是一件多么麻烦的事啊！

普通图书馆中所藏的书籍和一切设备，大都偏重于成人方面，是丝毫不顾及我们儿童的。在这种图书馆内看书，决不能满足我们的需要和兴趣的。换一句话说，就是在儿童的心理上、生理上，都得不着相当的益处，所以我们另有儿童图书馆的组织。这种组织，当然和成人的图书馆不同，一切都随着儿童的需要，儿童的兴趣，以及儿童生理上、心理上种种关系而规划的。

既有了合乎我们小学生脾胃的儿童图书馆，我们要到馆内

去看书、借书，就应该具备着几项必要的知识。例如：什么是出纳台？哪里是阅报室？各种图书怎样分类？怎样编目？阅览时有什么规则？借书时由什么人负责？有什么手续？目录卡怎样使用？……这些都该明白的。

甲、图书馆内的设备

当你走进图书馆时，看见许多不认识的东西。叫不出它们的名字，也不知道它们的用处，在这里待我先向你们介绍一下。

在图书馆出入口的外面，装置着一个桌子。上面放着面盆、手巾、肥皂等东西，这是给大家净了手去看书的，叫作洗手台。

走进图书馆，迎面有一座和商店里差不多的样子的柜台，台上铺着软皮或厚绒，台的向外一面，装着铜做的栏杆，或木头的栏杆。栏杆上标明“出纳口”，这就是出纳图书的地方，也是最忙最拥挤的地方。

在出纳台的一旁，有一件仿佛药店里的药柜似的东西，上面有若干层列的抽屉，抽屉里面，前后穿着一根铁签，连贯目录卡，这叫作目录柜。去借阅图书的人，先得向目录柜内检查某书目录卡的号数，然后才可到出纳台那边去借书。

有许多新书，陈列在架子上，那架子的前面，嵌着玻璃，后面有门可开的，叫作新书披露架，以便借阅图书的人，容易注目，容易知道新到的图书有什么什么几种。

每购入一批新书后，即用厚纸裁成若干条子，条子上面，完全用有趣味的文字，引人注目的图画，描摹出各种新书的内容，全书的大意，然后嵌入衬纸，揭示壁上，每周换一次。这样使大家明了历次新书的内容，可以引起注意和兴趣，这叫作兴趣牌。

还有一种轮齿形或半轮形的东西，中心有一直轴，可以转动。周围装着一层薄板，板上放各种画片，以便大家欣赏，这叫作画片架。

那边一室，依号排列着许多单人椅，四围挂着许多图书——这些大都是杂志刊物之类——有许多人挨号坐在那里看书，静悄悄的，一点声息也没有，这就是阅书室了。

阅书室的隔壁或一边，另有一种桌子，桌面——一面或两面——倾斜成四十五度的角度，而桌面的大小，恰够安放报纸，这叫作阅报桌。

在阅报桌旁，挂着许多夹子，预备把各份看过的报纸夹好，一个月以后装订一次，这叫作报夹。

乙、借书和还书

一个儿童图书馆里，总预备了不少借书证分发给许多有关系的儿童，每人一张。这借书证是代表借书权的。要去借书，便须带着这借书证到图书馆里去。没有这借书证，管理员是不肯借书给你的，所以这借书证很关重要，切切不可遗失；要去借书时，也不好忘着携带。

借书证

号数					
人名			级名		
住址					
书号	借期	还期	书号	借期	还期

到图书馆里去借书的人，大概可以说有三种。这三种人的情形不同，所以借书的方法也略有分别。现在就分开三项来说：

书名目录卡

类号		书名
书号		著者姓名
		出版处
		(书类名)
		○

第一种人，是认定了一部书，前去借阅，书名是早已知道的。这种人到了图书馆里，先该到书名目录卡片匣里去找所要借的那部书的书名卡。找寻书名目录卡的方法，是跟着卡片的排列法而不同的。

卡片的排列，大概是按着书名第一字笔划的不同来分先后。不过这先后的排法，却有种种不同：有的是依着笔划的多少做次序的；有的是照着字典上用的部首法做次序的；有的用五笔检字法；有的用四角号码检字法。各图书馆是论不定采用哪一法的，应该预先请管理员指点明白了再去找。好在第一次问明白了，以后就永远是这样找法，不必再问了。找到了要的那张卡片之后，便把那左角上的类号与书号的数码抄在自己的借书

证上，走到出纳台旁，交给管理员去找书。管理员依着号码找到了书，便会来交给借书人，不过那张借书证却要留存在图书馆里了。

第二种人，是要解决某种问题，想去借一种适当的书来参考研究的。究竟有什么书可以读，还要到图书馆里去拣选。在

杜威氏十进分类法

○	○	○	普通书籍类	五	○	○	自然科学类
一	○	○	哲学类	六	○	○	应用科学类
二	○	○	宗教类	七	○	○	艺术类
三	○	○	社会科学类	八	○	○	文学类
四	○	○	语文类	九	○	○	史地类

这种情形之下，便须懂得图书分类法，才好去拣书和借书。普通图书馆里的分类，总是根据图书的内容来分的。所以觉察了某一类图书的类目，大概可以猜出这一类图书是记载些什么的。因此我们也就可以从自己所要研究的是什么问题上，猜想到某一类里去找适当的书。杜威氏的十进法，是最通行的一种分类法。现在就根据这种分类法，来举一个借书方法的实例吧。

譬如你要解决“为什么会地动”的一个问题。你先仔细想一下，觉得这一个问题，大概应该属于自然科学一类。于是你

就到许多书类目录卡片匣里去找自然科学类的一匣。再在那一匣里从头至尾地找下去，看有适当的书没有。后来找到一片，上开书名叫作《火山和地震》。你知道“地震”就是“地动”，这是可以参考的书了。于是就把那卡片左角的类号与书号抄在借书证上，便可以去向管理员借书了。

分类目录法

类号		书类名
书号		书名
		著者姓名
		出版处
		出版期
		○

第三种人是没有决定要研究哪一类的问题，只是想利用余闲，借一种书来阅读的。究竟借哪一类某一本，都没有成见。这样无目的地到图书馆里去借书，原是不很好的。不过也可以先到兴趣牌上去找，有没有合自己兴趣的书。最好是先和教导自己的老师去商量一下，请老师介绍些有益的书。书选定了以后，借书手续是和以前两种人一样的。

普通的图书馆里，对于借书的期间，大概是有限制的。通行的办法，是以一星期为限。所以把书借了来，应该在那个限期里读完，然后可以如期归还，免得管理员来催索。还书的手续，是把书带到图书馆里，走到出纳台旁，送交管理员。管理员就会得找出借书人的借书证，填上归还日期，交还给借书人，让借书人可以再来借书。

丙、图书馆里的规则

在图书馆里的阅书室内看书，应守下列各种规则：

1. 须在开放时间内入馆阅书。

2. 除正式借出以外，不可私自揣书在馆外阅读。

3. 走路脚步要轻。

四．搬动椅子时，不能发出大的声响。

五．不可高声朗读。

六．不要谈笑。

七．不可用唾液去翻书。

八．不要把书角弄得卷折起来。

九．不要同时取阅两种书。

1〇．阅书时应坐得正。

11. 损坏图书须照价赔偿。

12. 须服从管理人的指导。

三 到图书馆里去看书应带什么工具

当我们准备到图书馆去的时候，应先准备好了我们的读书工具——字典带了没有？笔和笔记簿带了没有？

字典是我们课外阅书的良导师，它可以给我们不少的助力，遇有疑难，一经请教了它，就会释然无事了。否则格格不通，不但减少读书的兴趣，并且误会了真正的精义，这样即使勉强地模糊地看过一遍，也不能收多大的效果的。

笔记簿是记载我们读书的心得的东西，它能帮助我们记忆一切。没有它，我们自己所得的印象便容易模糊，更谈不到什么心得，什么成绩了。

因此，我们在到图书馆去看书以前，应先检点一下，我们的看书工具，带了没有？

四 到图书馆去怎样选择图书

到了图书馆，照例有特许证，可以借书看。寻着目录卡，记出左角上的号码，就可请馆员按号寻书。但是我们究竟应看一种什么书？这就对于某书的形式和内容，都应加以选择。假如为了搜寻参考书而去的，这书已经你的朋友的介绍，或是先生的指导，那可另作别论。

怎样选择图书？从内容方面说起来，应当选择能够帮助我们解决生活上一切问题的，有高尚精神的，合乎时代性的，合乎理性的，像《真理之城》那本有价值的童话，使我们看了它，自会勇敢，自会觉得前途一片光明，自会知道忧愁和眼泪是没用的，只有奋斗，彻底的奋斗，才会看到真理的。至于那些失去时代性的读物，和我们的实际生活隔得太远的读物，都不必去浏览。从形式上说起来，应当选择印刷较好的，字迹清楚的，图画优美的，这样，不但可以增加我们看书的兴趣，并且可以不损伤目力了。

又如要发挥我们的优美而高尚的思想，改移我们的一切劣根性，就应多选看故事体的书籍。我们要使观察事物的能力，渐渐地趋于精细，就应选看杂记体的文字。要训练我们的思想使它论理化，训练我们的语言使人动听而容易明白，就须常看议论文的书籍。要使我们的头脑科学化，那么应多选科学书籍看。至于要使我们的干燥的心情，得到润泽，呆滞的思想得到优美化，那就得选几本诗歌看看。

五 怎样看出某书的要点

拿着某一本书，看到某一本书，怎样看得出它的要点呢？这在大家看起来，总觉得是一件很困难的事。其实只要先知道各段或各短篇的意思，然后再把它综合起来，比较一下，看哪一段哪一篇的意思，比较地更加重要些，类似的申说的次数特别多些，那就是某书的要点了。要知道某段某篇的大意也不难，只要把各段各篇里的句子，仔细审查一下，评量一下，哪一点是最重要？这就是哪一段或一篇的要点了。因为某一点，某一点，在某段某篇里既居重要的地位，当然也是某书的要点了。

六 看书时应有的态度

我们每看一种书，总得有一种怀疑的态度，研究的精神。譬如书上这样说，那样说，只是运用他的笔尖，从主观方面，将某人某物某事论断一下，或将他们对于某事某物的推理，叙述出来罢了。我们的思想，当然不会和作者完全吻合，那我们就应该用自己的意思，去仔细地推敲一下，评量一下，研究一回，试验一回，把它分析成许多问题，把每一个问题，都研究出相当的结果来，试验出真的理论来，使每一个疑问，都得到圆满的解答。

假如我们所分析出来的各个问题，这些书上的解答不能使我们满意，如果能力薄弱的我们，一时竟不能自己求出适当的解答时，就把它记下来，等一个相当的机会，再提出来和大家

讨论，或是去请教先生们。照这样的态度去看书，才能寻到看书的真正的兴味，才能收到相当的效果。

七 怎样做笔记

上面已经说过，看书时做些笔记，可以帮助我们的记忆，增进我们的心得。可是笔记究应怎样去做呢？又不得不细细地加以研究了。

我们所看的书，有易于了解的，有难于通晓的；有长篇的，也有短篇的。现在斟酌了种种情形，拟得笔记式样如下：

遇过有难字难词，逐一向字典内检查，用极熟的字，就书上应有的意义，加以说明，写在备注项内。将那些含有重要的意义的，或是文字优美的，笔致生动的，文法的组织特殊的句子，摘录下来，以便观摩。对于某书作者的意见，书内所描写的人物或事实，以及全篇文字的组织和思想，都应加以批评。在我们对于某书有了相当的认识，真切地了解以后，细细地加以想象，想出原书所没有想到的意思，这特殊的意见，是最有价值，很值得提出来质之于大众。至于怀疑的问题，应当先列举出来，然后再将研究的结果，详细地记出。

月 日	
书 名	
题 目	
要 旨	
备 注	
摘 录	
批 评	
意 见	

怀疑的问题	研究的结果

八 余 话

很有许多朋友们，不能天天规定一个时间去看书。当他高兴的时候，他就跑到图书馆去，无目的地翻翻这本书，看看那本书。有时因为遇着难词难句，就将那本书丢掉；有时觉得那书不合他的胃口；也有些时候，他看完一本书，并没完全明白，他就马马虎虎地算懂了。这样看书，决不会增进学识，提高兴趣，得到相当的修养，徒然浪费了不少时间，这是多么可惜呢！

所以我们每天应当规定看书时间，按时看书，并且具有正当的态度，研究的精神，不至所看的书完全明白不止。这样才可以从内心发出兴趣来，时间也得到极大的经济，精神也不会散漫了。阅书的人，果真这样循轨日进，还不能有看书的心得，这是谁也不相信的。换一句话说，就是照这样做下去，断无不进步的道理。不过，在起初的时候，在不曾习惯的时候，当然觉得有些困难，但到已经习惯之后，不但感到便利，并且反觉得十分地有趣了。诸位朋友，此后你们到图书馆去看书的时候，不妨照着这里的看书方法，做笔记的方法，去试验一下，看所得的效果究竟怎样？

诗的材料

今天清早进公园，闻到一阵清香，就往荷花池边跑。荷花已经开了不少了。荷叶挨挨挤挤的，像一个个大圆盘，碧绿的面，淡绿的底。白荷花在这些大圆盘之间冒出来。有的才展开两三片花瓣儿；有的花瓣儿全都展开了，露出嫩黄色的小莲蓬；有的还是花骨朵儿，看起来饱胀得马上要破裂似的。

这么多的白荷花，有姿势完全相同的吗？没有，一朵有一朵的姿势。看看这一朵，很美，看看那一朵，也很美，都可以画写生画。我家隔壁张家挂着四条齐白石老先生的画，全是荷花，墨笔画的。我数过，四条总共画了十五朵，朵朵不一样，

朵朵都好看。如果把眼前这一池的荷叶、荷花看作一大幅活的画，那画家的本领比齐白石老先生更大了。那画家是谁呢……

我忽然觉得自己仿佛就是一朵荷花。一身雪白的衣裳，透着清香。阳光照着我，我解开衣裳，敞着胸膛，舒坦极了。一阵风吹来,我就迎风歌唱,雪白的衣裳随风飘动。不光是我一朵，一池的荷花都在舞蹈呢，这不就像电影《天鹅湖》里许多天鹅一齐舞蹈的场面吗？风过了，我停止舞蹈，静静地站在那儿。蜻蜓飞过来，告诉我清早飞行的快乐。小鱼在下边游过，告诉我昨夜做的好梦……

周行、李平他们在池对岸喊我，我才记起我是我，我不是荷花。

忽然觉得自己仿佛是另外一种东西，这种情形以前也有过。

有一天早上，在学校里看牵牛花，朵朵都有饭碗大，那紫色鲜明极了，镶上一道白边儿，更显得好看。我看得出了神，觉得自己仿佛就是一朵牵牛花，朝着可爱的阳光，仰起圆圆的笑脸。还有一回，在公园里看金鱼，看得出了神，觉得自己仿佛就是一条金鱼。胸鳍像小扇儿，轻轻地扇着，大尾巴比绸子还要柔软，慢慢地摆动。水里没有一点声音，静极了，静极了……

我觉得这种情形是诗的材料，可以拿来作诗。作诗，我要试试看——当然还要好好地想。

不用文字的书和信

人类在创造文字之前，常常用一些奇妙的方法来帮助记忆。我国古代就有“结绳记事”的方法。发生了一件事儿，就在绳子上打一个结。各个结大小不同，形式也各别，表示那些事儿重要不重要，属于什么种类。往后看了这些绳结，就记起以前经历的许多事儿。

现在世界上还有一些民族没有文字，他们还用“结绳记事”的方法。还有一些民族用贝壳来代替绳结。贝壳大小不一，颜色形状也有许多种，比绳结容易分辨。一条穿着好些贝壳的带子，在他们就是一本书，读了这本书，他们可以知道本民族的

许多故事。

不但如此，在创造文字之前，有些民族已经有了通信的方法，跟记事用绳结或贝壳一个样，也用一些东西来表示意思。譬如这一族送给那一族一根枪或者一支箭，这就是一封宣战书。那一族收到了，就拿起武器来，准备战斗，决不会误会成别的意思。

从前有一个民族送给相邻的民族一封信。这封信一共四样东西：一只死鸟，一只死老鼠，一只死青蛙，还有五支箭。这些东西包含着什么意思呢？就是说："你们能像鸟儿一样在天空中飞，像老鼠一样在地底下藏，像青蛙一样在湖面上跳跃吗？如果不能，休想跟我们打仗。什么时候你们的脚踏上我们的土地，我们就用乱箭来对付你们！"

如果有一天，我们从邮差手里收到一个包裹，解开一看，没有别的，只是死鸟死老鼠这些东西，我们唯有连声叫怪，猜想是哪一个淘气的朋友寄来开玩笑的。谁知道在古代，这样一包东西却是一封严厉的信。

关于使用语言

文艺作者动脑筋，搞创作，这是一种思维活动。这种思维活动要塑造一些人物，布置一些情节，描写一些景象，目的在反映生活的实际——虽然写成的小说戏剧之类是假设虚构，可是比记载实在的事情还要真实。

有人以为思维活动是空无依傍的，这种想法并不切合实际。空无依傍就没法想。就说想一个人的高矮吧，不是高个子，就是矮身材，或者是不高不矮，刚刚合度，反正适合那想到的对象就成。要是不许你想高个子，矮身材，不高不矮，刚刚合度，等等，你又怎么能想一个人的高矮呢？

高个子，矮身材，不高不矮，刚刚合度等，全都是语言材料。各种东西的性状，各种活动的情态，这个，那个，这样，那样，不依傍语言材料全都没法想。因此，咱们可以相信，思维活动绝不是空无依傍的，必须依傍语言材料才能想。

必须依傍语言材料才能想，所以思维活动的过程同时就是语言形成的过程。不是先有个空无依傍的想头然后找些语言把它描写出来，是一边在想一边就在说话，两回事其实是一回事。

两回事既然是一回事，那么，想的对头，说的也必然对头；说的有些不到家，就表示想的有些不到家。

要是说，“我想的倒挺好，只是说出来的语言走了样”，人家怎么会相信呢？人家会问：“你是依傍语言材料想的，想的挺好，形成的语言当然也不错，怎么说出来会走了样呢？”人家这个问话是没法回答的。其实这儿所谓想的挺好只是一种幻觉，语言走样就证明你还没想得丝丝入扣。

再拿文艺作品来说。文艺作品是作者思维活动的成果，思维活动的固定形式，也就是写在纸面上的语言——文字。作者

给读者的，仅仅是这些写在纸面上的语言，这以外再没有别的。读者认识作者所反映的生活的实际，了解作者的世界观和人生观，也仅仅靠这些写在纸面上的语言，这以外再没有别的。因此，这些写在纸面上的语言是作者读者心心相通的唯一的桥梁。读者不能脱离作品的语言理解作品，要是那样，势必是胡思乱想。作者也不能要求读者理解没提到的东西，搞清楚没说清楚的东西，要是那样，就不免宽容了自己，苛待了读者。固然，文艺作品里常常有所谓“言外之意”，话没明说，只要读者想得深些透些，也就能够体会。可是言外之意总得含蓄在明说出来的话里头，读者才能够体会。要是根本没有含蓄在里头，怎么能叫读者无中生有地去体会呢？所以言外之意还是靠语言来传达的。

以上的话无非要说明这么个意思：思维和语言密切地联系着，咱们不能把想的和说的分开来看待。实际上思维和语言是分不开的。可见分开来看待是主观方面的态度。分开来看待就出毛病，主要的毛病是走上这么一条路：想得朦胧模糊，说得潦草随便。所谓想得朦胧模糊，就是头脑里只有一些跳荡的没有秩序的语言材料，语言的固定形式还没有形成，在这时候就以为是够了，想得差不多了——其实还得好好地继续想。所谓说得潦草随便，就是赶紧要把还没形成固定形式的东西说出来，这其实是说不出来的，说不出来的硬要说，硬要说又非

取一种固定形式不可，非说成一串语言不可——这就免不了潦草随便。

不把想的和说的分开来看待，情形就完全不同了。头脑里只有一些跳荡的没有秩序的语言材料的时候，决不就此停止，非想到形成了语言的固定形式不可。这固定形式并不是随便形成的，它的形成是有原则的，就是跟所想的符合。一边在想，一边就是在说，当然只能取这么个原则。为什么用这个词，不用那个词；为什么用这样的句式，不用那样的句式；为什么先说这个，后说那个；为什么这一部分说得那么多，那一部分说得那么少，诸如此类，全都根据这么个原则而来。这样的固定形式不保证一定是好作品，那还得看作者的世界观和人生观怎样，作者对生活的实际认识得怎样。可是作者这一番思维活动是认真的，着实的，那是可以肯定的。凡是好作品大概都具备这样的基础。

不把想的和说的分开来看待，就不会像有些人那样，说“语言只是小节罢了”——言外颇有尽可以不管或者少管的意思。要是听见人家在那里说“语言只是小节罢了”，一定会毫不放松，跟人家争辩，哪怕争得面红耳赤。语言是作者可能使用的唯一的工具，成败利钝全在乎此，怎么能是小节？咱们能对读者说“不要光看我的作品，你得连带看我的头脑”吗？咱们能对读者说“我的头脑比作品高妙得多”吗？不能。头脑，藏在里面，

怎么能看呢？而且读者就要看咱们的作品，就要通过作品看咱们的头脑。而作品呢，从头到尾全都是写在纸面上的语言，就靠这些写在纸面上的语言，咱们的头脑才跟读者相见。语言怎么能是小节？

不把想的和说的分开来看待，对作品的修改的看法也就正确了。有人说自己的或者人家的作品还得修改，往往接着说“不过这是文字问题”（所谓文字问题就是语言问题）。咱们在开会讨论什么文件章则的时候，也常常听见这样的话：“大体差不多了，余下的只是文字问题了。”

单就“文字问题”四个字着想，就知道说话的人是相信内容实质可以脱离语言而独立存在的，是相信语言的改动不影响内容实质的。实际上哪有这回事呢？内容实质凭空拿不出来，它要通过语言形式才拿得出来。语言形式有改动，内容实质不能不改动。而且，正因为内容实质要改动，才改动语言形式。不然，为什么要改动语言形式呢？这么想，就可以知道所谓修改，实际上是把内容实质重新想过，同时就是把话重新说过。一大段话的增补或者删掉，这一段和那一段的对调，一句话一个词的增删改动，全都是重新想过重新说过的结果，绝不仅仅是“文字问题”。这是个正确的看法。这个看法的好处在注重内容实质，所作的修改必能比先前提高一步。

就语言的使用说，大概跟经济工作一样，节约很重要。经

济工作里头所谓节约，并不是一味地省，死扣住物力财力尽量少用的意思。节约是该用的地方才用，才有计划地用，用得挺多也要用；不该用的地方就绝对不用，哪怕用一点也是浪费。关键在乎该用不该用。咱们写个作品，在语言的使用上也该遵守节约的原则。

就说描写一个人的状貌吧，五官四肢，肥瘦高矮，坐着怎样，站着怎样，跑路又怎样，诸如此类，可以写个无穷无尽。再说写几个人的对话吧，说东道西，天南地北，头绪像藤本植物那样蔓延开来，也可以写个无穷无尽。此外如描写一个乡村的景物，叙述一间屋子里的陈设，要是把想得到的实际上可能有的全都搬出来，也就漫无限制。像这样无穷无尽，漫无限制，

就违反了节约的原则。要讲节约，就得考虑该用不该用。怎么知道哪些该用哪些不该用呢？写个作品总有个中心思想，跟中心思想有关系的就该用，而且非用不可，没有关系的就不该用，用了就是累赘。这只是抽象地说。某个作品的中心思想是什么，认真的作者自然心中有数。心中有数，哪些该用哪些不该用就有了把握。于是，譬如说吧，描写一个人的状貌，不写别的，光写他的浓眉毛和高颧骨。写几个人的对话，绝不啰唆，只让甲说这么三句，乙说这么五句，丙呢，让他说半句不完整的话。乡村景物可以描写的很多，可是只写几棵新栽的树和射到树上的阳光。房间里的陈设该不止一个收音机，可是就只写那个收音机，再不提旁的。为什么只挑中这些个呢？一句话回答：这些个跟中心思想有关系，适应中心思想的要求。这就叫厉行节约。

再就一句话来说。一句话里的一个名词，加得上去的修饰语或者限制语绝不止一个，一个动词或者形容词，加得上去的修饰语绝不止一个。要是把加得上去的都给加上去，大概也会违反节约的原则。怎么办呢？只有看必要不必要。必要的才给加上去，不必要的全丢开。或者一个必要的也没有，就一个也不给加上去。必要不必要怎么断定呢？还是看中心思想。一句话的作用不是写人就是写物，不是写事情就是写光景……这些个全跟中心思想有关系。所以每句话全跟中心思想有关系，全

该适应中心思想的要求。凡是适应要求的就是必要的。

语言里像“虽然”“那么”“固然”“但是”“因为”“所以”之类的词好比门窗上的铰链，木器上的榫头。这些词用起来也有必要不必要的分别。譬如说“因为怕下雨，所以我带着把伞出门”，这交代得挺明白，不能说有什么错。可是咱们大都不取这么个说法，只说“怕下雨，我带着把伞出门”。为什么呢？因为不用“因为”“所以”，这里头的因果关系已经够明白了。已经够明白，还给加上榫头，那就不必要，就不合节约的原则。

咱们评论语言的使用，往往用上“干净”这个词，说某人的话很干净，某篇东西的语言不怎么干净。所谓干净不干净，其实就是节约不节约。从一节一段到一个词一个句子，全都使用得恰如其分，不多也不少，就做到了节约，换个说法，这就叫干净。

语言的节约仅仅是语言问题吗？或者仅仅是某些人惯说的“文字问题”吗？只要领会到语言跟思维的密切联系，就知道不仅仅是语言问题或者“文字问题”。语言要求节约跟思维要求节约是分不开的。在思维过程中，必须把那些啰啰唆唆的不必要的东西去掉，同时非把那些必要的东西抓住不可，这是思维的节约。表现在语言方面，就是语言的节约。

就语言的使用说，还有很重要的一点必须特别注意，就是

语言的社会性。语言是社会的产物，是大家公用的东西，用起来不能不要求彼此一致。你这么说，我就这么了解；你那么说，我就那么了解；你说个什么，我就了解个什么；切实明确，不发生一点误会，这全在乎双方使用语言的一致。决不可能有个人的语言，与众不同，自成一套，那是办不到的，那样的语言(要是也可以叫语言的话)非但不能叫人家了解，自己也没法依傍着来思维。所以一个人生在这个社会里，就注定使用这个社会共同的语言。

使用共同的语言，可是跟人家不怎么一致，这种情形是可能有的。或者是学习不到家，养成了不正确的习惯，或者是一时疏忽，应该这样说的那样说了，这就跟人家不一致了。跟人家不一致总是不好的，即使差得有限，也叫人家了解不真切，有朦胧之感，要是差得很远，就叫人家发生误会，或者完全不了解。因此，凡是使用语言的人，包括文艺作者，都得随时注意，自己在使用上有没有跟人家不一致的地方，要是有，赶快纠正。

注意可以分三个方面——语音，语法，词汇。单就写在纸面上的语言说，作者的语音准确不准确无从分辨，因此，可以撇开语音，只谈语法和词汇两个方面。

语法是连词成句的规律，每种语言有它的语法，没有语法就不成其为语言。咱们从小学语言，逐渐能叫人家了解，正因

为不但学会了些词，同时也学会了语法。有些人觉得没有什么语法似的，这跟咱们生活在空气里，仿佛觉得没有什么空气一样。中小学要教语法，理由就在此。自发地学会了语法，并不意识到有什么语法，难保十回使用不出一两回错。在学校里学了语法，自觉地掌握住语法的规律，就能保证每回使用都不错。怎样叫掌握住规律？怎样叫不错？也无非跟使用这种语言的人的语法完全一致罢了。

谁要是说“语法不能拘束我，我自用我法”，这好比说脱离了空气也可以生活，当然是个不切实际的想法。现在这样想的人并不太多了，大家知道语法的重要性。知道语法重要就得研究语法。依靠一些语法书来研究，或者不看什么语法书，单就平时的语言实践来研究，都可以。一般说来，文艺作者对语言的敏感胜过其他的人，文艺作者只要随时留心，即使不看什么语法书，发现规律掌握规律也是容易的。譬如说吧，同样是疑问语气，为什么有的用“吗”，有的用“呢”，有的任何助词都不需要呢？又如同样是假设语气，为什么有的需要用“如果”或是“要是”，有的不必用这些词，假设语气也显然可辨呢？又如同样是重叠，为什么:“研究研究”不能作“研研究究”，“清清楚楚”不能作“清楚清楚”，并且，重叠跟不重叠的不同作用在哪儿呢？又如最平常的一个“的”字，为什么有的地方必不可少，少了就使词跟词的关系不明，有的地方尽可不用，用

了反而见得累赘呢？诸如此类，只要一归纳，一比较，就把所以然看出来了。

这样看出来的是最巩固的，不仅能永远记住，而且能在语言实践里永远掌握住。

无论是谁，说话写文章大致是合乎语法的。偶尔有些地方不合语法也是难免的，原因不外乎前边说过的两点——习惯不良，一时疏忽。文艺作者笔下的东西，按道理说不应该有这个偶尔。只要随时留心，把语法放在心上，当一回事儿，就能够纠正不良的习惯，防止疏忽的毛病，就能够避免这个偶尔。

现在再就词汇说一说。各人的词汇的范围并不完全相同，可是谁都在那里逐渐扩大词汇的范围。单就一个人说，了解的词汇必然大于使用的词汇。因为使用的非了解不可，而了解的未必全拿来使用。譬如咱们了解一些文言的词，咱们大都不拿来使用。

在思维活动的时候，咱们随时挑选适当的词。什么叫适当的词呢？一，切合咱们所想的对象；二，用得跟社会上一致。譬如想的是一种颜色，这种颜色是“红”，社会上确实叫它“红”，那么“红”就是适当的词。又如想的是一种动作，这种动作是“推”，社会上确实叫它“推”，那么“推”就是适当的词。切合对象，跟社会上一致，这两点是联系着的。正因为约定俗成，这种颜色大家都叫它“红”，这种动作大家都叫它“推”，“红”

和“推”才是切合对象的词。要是换成“绿”和“拉”，那就跟社会上完全不一致了，也就是跟对象完全不切合了。

像“红”和“推”那样的词还会用得不适当吗？当然不会。可是大多数的词不像“红”和“推”那么简单，往往要下功夫挑选，才能找着那个最适当的。譬如“美丽”“美”“艳丽”“漂亮”，粗看好像差不多。这几个词的分别到底在哪儿，当前该用哪一个才切合所想的对象，才跟社会上一致，这是挑选的时候必须解决的。求解决可以查词典，一部好的词典就在于告诉人家每个词的确切的本义和引申义，明确地指出它能用在某种场合，不能用在某种场合。要是平时做过归纳比较的功夫，能够辨别得很明确，那就无须查什么词典，因为词典也是经过这样的功夫编出来的。说到这儿又要提起文艺作者对语言的敏感了。文艺作者凭他的敏感，平时在这方面多多注意，也是“工欲善其事，必先利其器”的准备工作。在目前还没有一部叫人满意的词典，这种准备工作尤其需要。要是平时不做这种准备工作，连勉强可用的词典也不查一查，那么临到选用的时候就有用得不适当的可能——本该用“美”的，用了“美丽”了，或者本该用“美丽”的，用了“漂亮”了。咱们对每一个词，不能透彻地了解它，就不能适当地使用它。严格一点说，只有咱们透彻地了解的那些词，才该归入咱们“使用的词汇”的范围。

咱们要随时吸收先前不曾了解不会使用的词，扩大“使用的词汇”，扩大了再扩大，永远没有止境。不是说从广大群众方面，从种种书刊方面，都可以学习语言吗？这不仅指扩大词汇而言，可是扩大词汇也包括在内。平时积蓄了财富，需用的时候就见得宽裕，尽可以广泛地衡量、挑选最适当的来使用。要是吸收不广，积蓄不多，就可能发生两种情形。一种情形是一时找不着适当的词，随便用上一个对付过去；另一种情形是生造一个词用上，出门不认货，不管人家领会不领会。譬如某一部作品里说大风“抨击”在脸上，这就是前一种情形。“抨击”不是普通话的词，是文言的词，意义是攻击人家的短处，拿来说大风，牛头不对马嘴。同一部作品里又说声音“飘失”在空中，这就是后一种情形。“飘失”是作者生造的词，用方块汉字写在纸面上，人家认得“飘”字，“失”字还可以猜详，要是口

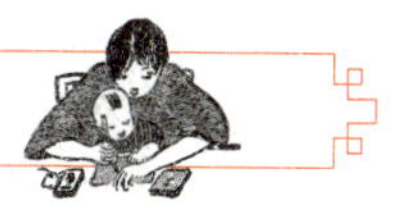

头说出来，人家就听不懂，或者用拼音字母写下来，人家就看不懂。可见这两种情形都是不好的。

新事物不断地出现，新词就陆续地产生。凡是新词，总有人在口头或是笔下首先使用。可是仅仅一个人使用一两次，这个新词不一定就能成立，必须多数人跟上来，也在口头或是笔下使用它，它才能成立。多数人使用它就好比对它投了同意票。至于并非新事物的事物，既然有现成的词在那里，就无须另外造什么新词。固然，另外造新词也是一种自由，谁也不能禁止谁，然而享受这种自由的结果，无非给自己的语言蒙上一层朦胧的阴影，给人家添点儿猜详的麻烦罢了。

咱们还应该注意辨别普通话和方言土语。要依照普通话的语法，使用普通话的词，不要依照方言土语的语法，使用方言土语的词。推广普通话，汉民族使用统一的语言，在社会主义建设高潮的今天，是作为一种严肃的政治任务提出来的。文艺作者跟其他文化工作者一样，应该而且必须担当这个任务。

普通话和方言土语，就语法说，差别不太大，可并不是没有种种微小的差别。就词和熟语成语说，那就差别很大，各地的方言土语之间差别也很大。在文艺作品里，方言土语的成分搀用在普通话里的情形大致有两种：一种情形是只搀用某一地区方言土语的成分，如只搀用东北话或者河南话的成分。这在某一地区的人读起来方便，对其他地区的人可就是不小的障碍；

另一种情形是搀用某几个地区方言土语的成分，南腔北调，兼收并蓄。这对各地区的人都是不小的障碍。而作者搀用那些方言土语的成分，又有有意识和无意识的分别。有的是故意要用上那些成分，有的是没有下功夫辨别，不知不觉地用上那些成分了。现在咱们的目标是使用纯粹的普通话，那当然不该故意用上些方言土语的成分了。为要避免不知不觉地用上，就得养成习惯，哪些是普通话的成分，哪些是方言土语的成分，要能够敏感地辨别，恰当地取舍。

还可以这么考虑，方言土语的成分也不是绝对不用，只是限制在特定的情况下使用。譬如作品是某个人物的对话，要是用了某地区的方言土语，确实可以增加描写和表现的效果，这就是个特定的情况，这时候就不妨使用。又如作者觉得方言土语的某一个成分的表现力特别强，普通话里简直没有跟它相当的，因此愿意推荐它，让它转成普通话的成分，这就是个特定的情况，这时候就不妨使用——到底能不能转成普通话的成分，那还得看群众同意不同意。

到这儿，关于语言的社会性说得差不多了。要讲究语法，要注意选词，要避免使用方言土语的成分，这些并不是什么清规戒律，全都为的语言的一致。大家的语言一致，语言才真正是心心相通的桥梁。不要以为这样未免太不自由了，要知道在这点上讲自由，势必造成语言的混乱。不要以为这样就限制得

很严，再没有用武之地了，要知道这些要求只是语言的基本要求，在达到基本要求的基础上，作者凭他的世界观人生观和才能，尽可以千变万化地运用，完成他的语言的艺术。

语言与文字

文字根据语言，并不是直录语言。语言或不免拖沓，脱节，似是而非，这些毛病在文字中必须除掉。只有写对话，为了妙肖其人的口吻，才是例外。我们说某人善于说话，并不是说他能够花言巧语，只是说他能把一些意思说出来，通体完美，没有拖沓、脱节、似是而非等毛病。假如是这样一个善于说话的人，他写文字尽可以直录语言，怎么说就怎么写。可惜这样的人不多。多数人说话总是噜噜苏苏，支离破碎，临到没有办法就随便找一个词拉一个句式来应急。你只要在会场中听五分钟的演说，就会相信这个话并非过甚其词。一般人主张作文之前须有

一番周密的考虑，作成了文字又须经一番精审的修改，一半固然在求意思的圆满妥帖，一半就在求语言的完美。这里说“一半”也只是勉强分开，实际上两个一半是一回事。意思若不圆满妥帖，语言就无论如何不会完美；语言若不完美，意思虽圆满妥帖也无从充分表达。

求语言的完美，学习论理学、文法、修辞学，是一个办法。论理学告诉我们思想遵循的途径，使我们知道如何是合理，如何便不合理。文法告诉我们语言的习惯，使我们知道如何是合式，如何便不合式。修辞学告诉我们运用语言的方式，使我们知道如何是有效，如何便没有效。多数人说话往往欠完美，指摘起来虽有多端，但是总不出不合理、不合式、没有效这三项。他们决非明知故犯，只因没有意识到合理不合理等问题，就常在口头挂着破破烂烂的语言。其中有些人又误认为文字就是直录语言，就常在纸面上涂上破破烂烂的文字。现在从根本着手，对合理不合理等问题考查个究竟。待到心知其故，自会检出哪些语言是不合理、不合式、没有效的，剔除它们，不容它们损坏语言的完美。

不学习论理学、文法、修辞学，也未尝不可；但是要随时留意自己的和他人的语言，不仅说了听了就完事，还要比较，要归纳，这样说不错，那样说更好，这样说为了什么作用，那样说含有什么情趣。这样做，可以使语言渐渐接近完美的境界。

还可以随时留意自己的和他人的文字。文字，依理说，该是比语言完美。但是也要比较，也要归纳，看它是否完美。如果完美，完美到什么程度。这样随时留意，实在就是学习论理学、文法、修辞学，不过不从教师，不用书本，而以自己为教师，以自己的比较和归纳为书本罢了。所得往往会与教师教的书本上写的暗合。教师的和书本上的经验原来也是这样得来的。

现在学校教国文，按照课程标准的规定说，要带教一点文法和修辞学，实际上带教的还很少见。如有相当机会，还要酌加一点论理学大意。例子以日常生活中的语言，读本上的文句，作文练习簿上的文句为范围。这样办，目的之一是使学生心知其故，语言要怎样才算完美。从前文家教人笔法章法，练字练句，也大致着眼在语言的完美上。他们对自己的和他人的口头语言虽不措意，可是所讲文字之理实在就是语言之理。从前有些人看不起这种讨究，以为这是支离破碎的功夫；他们有个不二法门，就是熟读名文，读着读着，自己顿悟。他们的想头未免素朴了些，然而他们的取径并没有错。熟读名文，就是在不知不觉之中追求语言的完美。诵读的功夫，无论对语体对文言都很重要。仅仅讨究，只是知识方面的事情，诵读却可以养成习惯，使语言不期然而然近于完美。

知识方面既懂得怎样才算完美，习惯上又能实践，这就达到了知行合一，得心应手的境界。于是开口说话，便是个善于说话的人；提笔作文，便是个行于所当行、止于所不可不止的能手。善于说话的人与作文的能手若称为天才的，那天才成因一定有十之八九是自己的努力。一个人在还不敢自信是善于说话的人的时候，不要谈直录语言，怎么说就怎么写，而要在动笔之前与成篇之后，下一番功夫求语言的完美。一篇像样的文字须是比一般口头语言更完美。

小学国文教授的诸问题

谈到小学国文教授，很容易引起“没有把握”的感想。这不同算术等科，有一定的学程，有方式的传授，教了就明白，多练习了就纯熟。这向来随教师的意的；程度的浅深，教法的精粗，百问可得百答，各不相同。唯其如此，所得结果从没有定状。有些学生国文程度很好，但由于他们的天赋和努力，是偶然的，不可以律一切的，不能说就是教授的成功；即归功于教师，教师未必敢自承。有些学生国文程度太坏，这当然是教师之咎；但教者亦曾竭尽心力，以求有效，归咎非所原任；教者更可说，这一种本来是没有把握的，我即承咎，也不能承其

全部。国文教授天天在全国小学校里进行，结果却只见这两种现象。别的且不说，总是正待哺育的学生们吃亏罢了。

国文教授的问题太多了。已往或现在的情状应否改革，已不成问题，因为所谓“没有把握”的办法，就有改革的必要。其外，在已往或现在的情状里，什么是病根？应从何道改革？是一个问题。教材纯用语体还是兼用文言？又从哪里去选择教材？是一个问题。教授的方法应当怎样，才能确有把握地收效果？又是一个问题。分析开来，读法、话法、书法、作法又有种种的问题。现在不为分析的说明，但就意想所及，统合地述说如下。

一 已往或现在的情状里的病根何在

我有一点细小的经验，国文教授的开始不在学校而在家庭，不在学龄时代而在幼孩时代。一个学童的国文程度的好坏，与他的家庭、他的幼孩时代很有关系。父母本来是儿童的最初最重要又是无所不教的教师，当然也是儿童的国文教师——我愿逸出本篇范围，敬告为父母的，这是你们应当负荷的责任呀；现在有大多数人卸了肩，这是对不起他们的后继者的。我看见许多家庭里，不仅是贫苦而无暇顾及孩童的，对于孩童，不承认他的本有的地位，不了解他具有可以发展的能力；对他只有

玩弄，只有责骂，而没有谈话。更有绝对不理孩童的，当给衣给食或斥责的时候，用着命令的语气吩咐，就完了。在这种家庭里的孩童，虽然同成人住在一起，差不多完全隔离。孩童所以能有种种能力，解释者说由于学习，而学习又由于需要。婴儿不会说话，因为要表出心意，随时随地学习，不到三岁，便能举习见的器物的名称，能说简短的达情意的话。这一种成绩真足以惊人，倘若每三年都有这么长足的进步，或者就是超人了。可是哪里会，他到了差足应用的时候，进步就迟缓了。在不理孩童的家庭里的孩童，便异常不幸，他只从成人那里学到些习见的器物的名称，和日常行动的不完全的表现语，此外就没有情思，没有话语，因为他没有发引情思、练习话语的机会。才入国民学校的学童，十分之七八可归入这一类。问他们一句

简单的话，他们便茫然如痴，休说要他们充分地回答。他们启口说话时，大概是不明显不完全的短语。他们日后的国文程度，平均在中等以下。我所见的如此，推想国内学校或者同有这种现象。其外十之二三（此数或犹说得过多），家庭里会与他们以种种的训练，他们便能说清楚显明的话，能就所问的回答，能有丰妙的情思。调查国文成绩时，这一类常属于优良一面。由此可知，情思的训练和言语的练习与国文程度的高下有关系，家庭里设备着引起情思的境遇，常与孩童谈话，便可说是国文教授的正常的基础。反过来，置孩童于不理，不为他们植重要的基础，便阻遏了他们几分之一关于国文程度的发展力——被阻遏的当然不止此。

学童受教育的历程是不可划分的，他们是在不绝地发展的路途之中。所以教育者什么地方都要注意到"衔接"两字。可是一方面又要注意到弊病的免除，务使学童趋入正轨，不受损害。凡在正轨以内的，那么衔接着以前的状况做去。不幸一般教授国文的却衔接了不良家庭的办法！他们也是置儿童于不理，非授课时间竟判若两国，绝无笑语一堂的时机。所谓授课，便是授学童以教科书，教他们读音，识形，讲解，书写。这四事做完，便谓责任已尽；不管他是机械不机械，切实不切实。教科书里所讲的是不是学童所能讲的，爱讲的？这一层更不暇顾虑。教科书之外，不复与学童以读物。他们也要学童练习，看能否应用所学习的。可是只本自己的主观，课学童以无从设想、莫名其义的文题。学童苟本平日上课时所听闻，鹦鹉似的学语，便可得很好的奖评。倘若本童年的真心，勉强成文，那便招不通的斥责。初学年如此，高学年也如此。学童年级有递升，国文的教法无递进。很繁复的国文教授情形就是这样了。

抉出病根，可得两点，都是教师观念错误之处：(一)不会了解儿童，不以儿童本位一义为教授的出发点；(二)不明白国文教授之真作用，徒视为形式的教科。由第一种谬误观念，引起非正当的教授态度；仿佛儿童本不定需要国文，乃是成人要教他们以国文。于是选材、练习，都归成人做主，学童全居被动地位。由第二种谬误观念，便轻视文字的内容和表出的方法；仿佛学习国文的目的，至能读、能识、能讲、能写而止。于是尽不妨以非儿童所能感受、所能了解了的内容和表出法授予儿童，只需他是一个形式。儿童既居于被动地位，所学的又不过是一个形式，即教者有特殊的方法，能够达到他的目的，终认为国文教授的失败。何况在这等状况之下，儿童对于国文科决不感有兴味，便是谬误的目的，也绝对不能达到。

二 小学国文教授应当怎样改革呢

国文教授要有成功之望，先要教者将谬误的观念改正。

第一须认定国文是儿童所需要的学科。在家庭教育尚被视为稀世奇珍的时候，儿童大半是被损害的，要待他们自然地需求，实是难遇的事。国文教授常与失败为缘，这也是多种原因之一。然而不足虑；教育所以可贵，乃在能为儿童特设境遇使他们发生需求，努力学习。所以国文教授也须为学童设备一种境遇，引起他们的需求。

我常有一种空想，以为学科的分开独立，不适宜于小学教育。因为分开独立，易于忘却何所需此科；全部所习，复难得有统贯的精神；徒使学童入于偏而不全、碎屑而遗大体之途。理想的办法，最好不分学科，无所谓授课与下课的时间，唯令学童的全生活浸润在发生需求、努力学习的境遇里。这个境遇，范围自然很广，不仅为欲达某一学科的目的而设。可是分析地考查它的结果，则各科的目的无不达到。因为人才与劳力经济的关系，这种理想的办法尚不能实现于现时。不过教师应知道这是较善的一个理想，因而引起一种觉悟，就是教师当为学童设备一个普遍适应各科的境遇。

国文是各科之一，教授上所需要的，正就是这种普遍适应的境遇。此说看似空泛，细思却无以易。倘若没有境遇，何需一切学科。一切学科所以有学习的必要，就因为吾人处于必要那些学科的境遇里。担任国文教授的教师呀，你们为儿童全生活着想，固当特设一种相当的境遇，即为国文教授的奏功着想，也当特设一种相当的境遇。儿童既处于特设的境遇里，一切需要，都从内心发出。教师于这个当儿，从旁导引，或竟授予。这个在儿童何等地满足，安慰，当然倾心领受，愿意学习。单言国文教授，教师绝不欲勉强教学童以国文，须待他们有记录、发表、诵读、参考的需要时，然后教他们以国文。果真如此，成功的把握已有十之六七。我前文言，优良家庭的儿童，国文成绩恒属于优良一面，便足为此说之证。所谓优良家庭，便是比较完好的境遇，足以引起向上进取的需求的。

第二，须认定国文是发展儿童的心灵的学科。文字所以表声音，声音所以达情思，那是人人知道的。没有情思，就没有发出声音的必要，更何需文字？可见情思为声音的泉源，而文字为声音的符号。学童所以需要国文，和我们所以教学童以国文，一方面在磨炼情思，进于丰妙；他方面又在练习表出情思的方法，不致有把捉不住之苦。这两方面，前者为泉源，为根本，所以从事开浚和栽培，最为切要。切要的一步既然做到，自然连带及于后者，才研究到种种形式的问题。倘若观念颠倒，以为一切讲习作述，就是国文教授的出发点。于是种种功夫都成空涉的劳力；在学童唯感这是并非需要的学科，即不努力亦无甚损害。到此地步，国文教授当然失败。所以欲求成功的教师，当从为儿童特设的境遇里，发展儿童的心灵，务使他们情绪丰富，思想绵密，能这么做，才是探源的办法。顺次而训练学童

的语言，使其恰当所思，明显有序，最后乃着力于记录写述等形式的方法。读者不要说这是全部教育的事，我所负的是国文教授，是一部分的责任。也不要说这话太虚空，我所需的是明确可行的实施法。要知全部教育和一科教授是不能分开的。

“国文”两字，不过立个名目，以便称说而已，实即负全部教育一部分的责任。何况小学功课，国文实占最多数，又须知一切实施法，都以理论为本，而理论大都可随意谥以实虚之名。况且拘泥了实施法，易使远大的目标缩为微小；唯以理论做引路之灯，即随时有适切的实施法自然地产生。此等自然产生的实施法，恒为最能收效的方法。

以上两节，是教授国文的必须认定的两个观念。我人做什么事，本着里面的观念变为外面的态度。观念与态度不变更，则一切改革方法，转换材料，都成空话。所以我说国文教授的改革，在教者观念与态度的变更。本着第一个新观念，则知不为学校有国文科而教授国文；宜为学童特设境遇，引起他们的需要、他们学习国文的动机，而后教授国文。本着第二个新观念，则知教授国文不以教授形式为目的，这不过是附带的目的；宜为学童开发心灵，使他们视学习国文如游泳于趣味之海里。至于实施之方，将于后幅说明。

三 教材用语体抑文言的问题

照上面所说，似乎国文科的教材，将成非常广大的范围，环绕于学童四周的，无不可为国文教材。这确是如此。但有一层，无论什么事物，都要化而为文字，才与国文有关系。于是文字终为国文科的重要材料。在现时任教的常有一种疑问，语体文既已通用，而文言未能全废，此后小学国文教授，将全用语体文呢，还是兼用文言呢？要回答这个疑问，实在不必多所研虑。先问我们何以要学习文言，岂不因前人曾经以文言著书么？又问语体何以能通行，岂不因语体切合语言，更能通达今人的情思么？为今人的便利计，自然通用语体；为参观昔人书籍的便利计，于是兼治文言。小学生有参考昔人书籍的必要么？我想经子之部，乃专家所研究，非小学生所宜涉猎。史书文艺，或有益于小学生，而浩繁者多；宜重加编次，或为之翻译——果能做这两件事，也不妨应用语体。于是更不能寻出小学生需用文言的地方了。所以我敢断言，小学国文教材宜纯用语体。

以文言为教材，也是以前国文教授失败的要因。尽教师的能力，做了一番翻译的功夫，竭学童的心思，做了一番记忆的功夫罢了。至于内容，因出于教师所选择，未必便为儿童所领悟。且一面翻译，一面记忆，更加上几重模糊的外幕。在初步的国文教授，更常有这等情形遇到。譬如训“观”为“看”，固已

确切不移，而学者因记音记义，反把活泼的“看”的一个动作淡忘了，倘若竟教“看”字，则不费一语，而教授之效全收；因为平日早已说惯了“看”字，明知“看”是什么意义了。准此一例，即知教授文言所以不能收效之故。教材纯用了语体，于是教师无须有翻译讲解之劳，学童亦不必有勉强记忆之苦。国文教授所应有的事，将迥异昔时。唯事训练情思，使学童对于周围常常有欲了解、欲发表的冲动。更使练习语言，求发音和语调的正确；一面能正确地传达自己的情思，一面能领解他人的言语。待感到有记录的必要时，便书成纸面的文字。以前所谓引起动机、提示、讲解、应用等阶段，本是分析的；至此而浑成一气，只是学童全生活里的一件事实。小学教育的不论何科，必须能成为整个的一件事实时，而后学童感觉亲切有味。所以国文教材宜纯用语体。

四 教材的选择的问题

本于上述的见解，教者至少有一种觉悟，就是不可专恃坊间的教科书，以为所求教材，可以在里头取撷无穷。现在语体教科书非常之少，而且所有的全由翻译以前文言本而来，其不适于用，已不必细说。进一步说，就是坊间能编出很好的语体教科书，教师也不得遽取应用，不复筹思。因为既以儿童为本位，则非儿童所自需，就不得强为授予。而坊间所编教科书，总希望通行于全国，全部的内容，绝不会聚集于一个儿童的境遇里。倘若取以应用，一定有一部分非儿童所爱、所能领受的，那就要减少效率了。所以教科书只得供参考，只得备采用，教材还当在教科书以外去选择或搜集。

为欲从事选择或搜集，须先定一个教科内容的普遍的标准。教师既为儿童特设境遇，所希望的，就是在这境遇里可以得到适当的教材。所谓适当的教材，无非是儿童所曾接触的事物。然则将儿童所曾接触的事物，尽行记录或说明，就可算最好的教材么？那又未必。因为儿童的生活，差不多浸渍于感情之中；冷静的理解，旁观的述说，在儿童殊觉无味。要使儿童感觉无味，就不是最好的教材。所以国文教材普遍的标准，当为儿童所曾接触的事物，而表出的方法，又能引起儿童的感情的。换一句说，就是具有文学趣味的。儿童的一句随意的话，往往比成人更为文学的，这是我观察所得的经验。文学趣味本是儿童的夙好呢，教师当然要教他们以富有文学趣味的教材了。

夏月乘凉的场上，或是冬日融融炉火之旁，几位老人讲些童话故事，孩子们就听得陶醉了，仿佛全心已窜入童话或故事里。教师从这里可得一个教训，童话故事就是儿童所需要的，应当取为教材。我国地方很大，各地民情互异，传说故事之类，一定含有很好的意义和趣味。可惜从事搜集和汰别，到现在才

视为最新的事业，没有已具优良评价的成书可得。所可以应急需，聊以慰情的，只有些外国童话的译本。因风俗习惯太相悬殊的缘故，或者不能充分地引起学生的趣味。所以教师宜应儿童所需，取传说故事之合乎上述标准的，以为国文教材。这是一条来源。

各地有特殊的历史、地理、习俗等，总而言之，可包括叫作人事。人事是儿童所乐知的，也是儿童所必须知道的，关系这个，各地往往有谐韵的歌曲，演唱的戏剧；歌咏之余，实长民志。教师如获得这等东西，就当视为至宝，取为教材。即使没有，也当酌量创作，以飨儿童——我欲附带说一句：教师应当能创作的，或者唯教师的精神，才是儿童适宜的粮食；倘若

自己不敢创作，而唯赖编辑先生信手拈来的作品以临事，乃是教师的奇耻。这又是一条来源。

教材也许可以从儿童自身得到。儿童生活里面，恒有大感兴味，永记不忘的。这等事件，在他们的脑际便是丰妙的情思；出于他们的口，便是有味的一段语言。更令笔之于书，使他们多一种玩索的方法和机会，岂不成为最适切的教材？譬如共同种菜，一切经过的，他们都非常地感有兴味，则令他们自记种菜之事，即令自读，便是最好的教材。这又是一条来源。

总之，教材或由搜集，或由创作，俱当相度机会，待儿童需要而后与。所以要说定搜集或创作的范围，是不可能的事。准此理论，可知现成教科书绝非完全切用之本。切用的教材应非整本。今年的二年生与明年的二年生，未必讲同样的教材，如其他们的境遇不同，生活互异。

更有一事，应在此节说明。就是：倘若学校里境遇完好，即儿童求知之欲很易引起；在国文教授方面说，便是读书之欲必盛。这正是国文教授里一种重要目的——养成读书习惯，而一般教师常是忽视或遗忘的。科内教材既以含有文学趣味为标准，即日常生活的必需知识之获得，当然更有赖于以外的书籍。此等书籍，但须泛览，不必精读。然而足以补充，可为参考，功用很大。又从分量讲，科内教材有定量，虽足使儿童感兴味，尚不能餍足。唯有取兴味相类的书籍供给儿童，使他们有取之

不尽的乐趣。如此，国文教授的收效必更大。

本这两个意思，于是搜集教材以外的书籍也成为重要的事项。我以为在现今时代，关于补充用、参考用的书籍，只有教师们努力创作。坊间原堆着满架的书，但大部是非儿童本位、非语体文的，因此难得采用。关于厌欲的读物，则有旧小说、译本童话等，只需合乎标准，便不妨取以供需。但因为数不多，仍亟待有创作品出世。

五 国文教授之方法

往昔所谓教授法，殆可谓全属阶段之研究。教授倘拘拘于阶段，将整个的事件判析为零星死物，很有弊害。并且不论何种教材，必使经过同程度的阶段，岂是可通之理？但阶段的区分，并非全属不必要。倘能相机活用，务求保存所教授的为整个的事件，则旧时阶段之节目，正不妨应用，或且更生新义。以下略述教授法的大旨；因为阶段非重要的全部，所以不复分述，但说可以达到国文教授的目的之方法。

前文言教师当为儿童特设境遇，目的在使其自身需要，不待教师授予。设备简陋的学校，什么东西都没有，即比不良家庭，亦觉干枯百倍。儿童处这等境遇里，聪明闭塞，心无所注。然而先生所授的书本，偏要天天相亲。试想，就是书本里满盛着有味的故事，好玩的花鸟，在儿童有什么趣味？所以授予书本之先，必定要有可以引起需求这书本的境遇。有了听故事的习惯，玩花鸟的嗜好，自然想寻求故事，记述花鸟。这个当儿，教师予以相当的书本，最是自然凑拍的事。儿童只觉满足，并不觉他是学习功课，然而功效却比由教师特授的为大。在初学年儿童，才习文字，尤当纯用直观教授。从前授课，也曾有直观教授的方法，教师特取一事物，提示学生，然后教以书篇。这也似是而实非。事物出于提出，可知不与周境相和，而必突入儿童意境。虽然也能引起需求，若论动机，已属被动。倘若境遇里面已足引起需求，则不必提示，便达目的。譬如儿童早从庭园里审知鸟的一切，教授“鸟”字便算不得一回事。可见要行直观教授，首须设备的周密。所以学校里宜有会场、农园、工室、博物室、图书室等设备；而教师也是儿童境遇里一要件，切不可远远隔离，授课时才相见。果能设备这等完备的境遇，当然不仅国文教授独享其利。可是要国文教授成功，非有这等境遇不可。国文教授并非是限于教室以内的教科啊！

既然引起儿童的需求，则此后的事，如观察、试验、批判、欣赏等，可以全归儿童，教师偶或帮助而已。经过这许多功夫，结果便是心灵的发展。这心灵的发展便是国文教授的重要目的。倘若并没有教师所预备的教材，儿童所怀的也就是这些教材；所以他们诵读之际，仿佛就是自己发抒情思。这多么快活呀！

根据这层意思，则诵读的练习，不仅要在理解以后，更要采用表演的方法。我尝听小学生读国语教科书，一顿一歇，首尾莫定，竟不辨是什么话。又闻教师说，语体文不能读。这都错了，声音足以表情思，便叫作读。不能读语体文的学生和嫌语体文不能读的教师，他们都将情思和声音分离了。所以学童读书，须使完全理解内容，更须注意其音节，使声音恰与内容一致。如表演故事，儿童处个中人的地位说话，情思与声音易于一致，既多兴趣，复收练习之效。其他若演讲、谈话、辩论，都是练思且练习达思的方法，均须常用。国文教授并非是限于书本以内的教科啊！

儿童既有说话的练习，进于写作，实是自然联络的事，并不繁难。因为写作的本质是情思，本质的符号是许多声音，由本质化为符号，须遵社会的律令，差一点人家便不懂。练习语言的重要意义，实在模仿这社会的律令。律令既明，以下不过写录这些声音出来的功夫罢了。昔人往往说，古文的通不通竟难明其理；熟读书篇，一旦豁然，谁也不知道究竟是什么缘故。这个疑问正可以说明我义。古文是古人的语言，别有一种律令；熟读古文，犹如练习说话，在模仿其律令；律令学成，写古文自然通顺了。

命题作文，人人知道不对。我以为定期作文，也不很自然。果真儿童心灵充分发展，则随时有丰妙的情思，便随时可以作文。即如阅览书籍，笔记所得，也是一种作文的练习。总之，简单干枯的生活里，一切不能着手，趣味的生活里，才可找到一切的泉源。

以上标称方法，但仍不外乎议论。实因我国教育太过幼稚，顾及一端，便牵动全体。前提之前更有前提，所以不得不为统合的议论，以求全体的改善，前提的确定。本篇绝无深义，语又芜杂，是我的惭愧！